ビッグデータという独裁者

かえに「自由」を奪う

マルク・デュガン／クリストフ・ラベ［著］
鳥取絹子［訳］

L'HOMME NU
LA DICTATURE INVISIBLE DU NUMÉRIQUE

MARC DUGAIN & CHRISTOPHE LABBÉ

筑摩書房

ビッグデータという独裁者

目次

ビッグデータという独裁者 CONTENTS

"L'HOMME NU,
La dictature invisible du numérique"

Marc DUGAIN, Christophe LABBÉ:

ビッグデータという独裁者

「便利」とひきかえに「自由」を奪う

1．これは人類史上の大革命だ

これからの時代は、あらゆる種類のデータの集積と処理で動向が決まることになるだろう。人類の歴史で、かつてこれほど膨大な量の情報にアクセスできたことはなかった。まさに革命、二十世紀初頭にエネルギー分野で石油が引き起こした革命に匹敵するものだ。

デジタル革命は私たちの生活スタイルをすっかり変えた。しかし、この革命はより多くの情報に、より速く接続できるだけでは終わらない。私たちは大人しく、自ら進んで隷属状態になり、透明化するように仕向けられている。結果、私たちは私生活を奪われ、自由を決定的に放棄することになるのである。

この革命は、魅力あふれる甘い約束を隠れ蓑に、個人を丸裸にしようとしている。しかも主導者は、ほとんどがアメリカの一握りの多国籍企業、いわゆるビッグデータ企業である。彼らの意図は、この社会を根本から変え、私たちを決定的に支配するところにある。

すべては一九八〇年代半ば、アメリカ軍の研究所で始まった。そこで生まれたのが、切断されることなく四方につながるコミュニケーションシステムで、このシステムはいまや地球全体をカバーしている。携帯電話などで桁外れに拡張したこのデジタル網は、私たちと他者との関係を根本から変えてしまった。

私たちは一秒ごとに、健康や精神状態、計画、行動についての情報を生みだしている。つまり、データを発信している。これらのデータはその時点で集積されて処理され、次いで、保存能力も計算能力も巨大なスーパーコンピューターで相関関係に置かれる。

ビッグデータの目的は、世界から予測不能なものを取り除き、偶然の力と決別するところにある。これまでは統計や、人口サンプルによる確率が推測の拠り所になっていた。ところがビッグデータ革命で不確かな推測は徐々に姿を消し、デジタルの集積による推測が真実になった。接続する人口の九十五パーセントが同意して譲渡する個人データをもとにしたものだ。数年もすれば、相関関係を重ねていくことで、あらゆることについてすべてを知ることができるようになるだろう。

この技術をもってすればいずれ、車の車載コンピューター（エンジンコントロールユニット）のように、人の健康を永続的に診断することも可能になるだろう。心筋梗塞や脳卒中など、ほとんどすべての症状が起きる前に検出されるのである。同じく、伝染病の発生も、ネットユーザーの反応を細かく探って検出した症状から予告することができるようになるだろう。よりよい人生が約束されれば、おそらく、多少は私生活を犠牲にしてもいいとなるだろう。膨大なデータの力でいち早く発展するのが健康・医療の分野であるのは確かである。ただし、それは医療だけに留まらず、人に関することすべてに及ぶはずだ。

ということは、ありえないほど大胆にデータを関連づけていくということだ。人や器械から発信される情報の九十五パーセントが自由に使えるとなれば、限られた数の人口サンプルなど当てにされず、データによる完ぺきな情報が元になるはずだ。そして接続の瞬間はすべてデータ集積に利用されることになるだろう。そのために、ネットの検索状況や、接続型の電話、時計、カメラ、その他あらゆるモノを通して、私たちはできるだけ多くのデータを発信するように仕向けられるはずである。

すでに、大量の情報は巨大な市場を生みだしている。多くは無料で集められたものだ。ＧＰＳの読み込みや、ＳＮＳ上の人間関係など、消費者の習慣が企業間で交換されている。収集した情報をほかの組織に販売する、いわゆるデータブローカーとして世界最大なのも、もちろんアメリカ企業だ。アクシオム Acxiom は一社だけで、世界で七億人の一般市民の詳細な情報を保有している。私たち自身の周囲の状況も含めて完全な情報を持つ企業には、この先はかりしれない未来が広がっている。

いっぽう、夢のような進歩には必ず裏があるものだ。石油のおかげで社会は近代化へと突き進んだが、しかし化石燃料を使い続けて一世紀半後、環境に壊滅的な副作用のあることがわかった。長いあいだ絶対的な資源とみなされていたものが、地球の均衡を脅かし、ひいては人類の繁栄にまで影を落としている。原子力とて同じ、エネルギーと健康の分野に革命をもたらしたが、しかし決定的な破壊力が脅威として私たちに重くのしかかっている。

膨大なデータが、人類史上かつてないほど知識の向上に役立っているのは確かである。「超人間主義」（＊新しい科学技術で人間を進化させるという思想）という、ビッグデータ企業が資金面で支援する最新の思想では、すでに「強化人間」が約束されている。あと一、二世紀もすれば、おそらく、一人の人間につき何十億と集積されたデータを元に、人間が完全に改造されることも可能になるだろう。健康に関するあらゆる情報のおかげで、グーグルはいまや死に挑戦する野心を抱いている。器械が人間を救うという考えに心酔し、いつの日か永遠の命に手が届くという夢を私たちにちらつかせている。災いの根源に打ち勝つというのである。

しかし、夢のような約束にはやはり法外な代償がつきまとうのを忘れてはいけない。完全に接続されたデータ人間は、情報を集める者たちの目にさらされて、真っ裸にされてしまうだろう。普通に生きているつもりが、その間の習慣や行動、消費や精神的、思想的な特徴などが個人カードに書き込まれることになるのである。

結婚を前に、データ企業が未来の伴侶の完全な個人ファイルを提供する時代も近いだろう。私たちは相手についてすべてを知ることになるのである。その人の消費や出費の習慣、実生活での性的な好み、遺伝子型から、ガンや神経症に発展するリスクなどまでも。各個人について集められる情報は、近い将来、非難すべき行動も含めて予言できるほどのレベルになり、そのときは全人類が監視下に置かれることが社会のルールになるだろう。

それを逃れられるのは少数派、新しいタイプのはみだし者になるのを覚悟できる者だけだ。健康と長寿、安全をうたい文句に個人の透明化が求められる社会では、丸裸になった人間に抵抗力などあろうはずもない。

いっぽう、個人を監視する諜報機関は、ビッグデータの発展を絶好の機会ととらえ、すぐに飛びついた。わけても現在は安全が政治の中心テーマで、テロが一般市民にも大きな脅威となった時代、デジタル産業はあっという間に先進各国の諜報機関の保護下に置かれた。それが容易だったのは、ビッグデータ市場が一握りの企業に極端に集中し、他を圧倒していたからである。グーグル、アップル、マイクロソフト、そしてアマゾンだ。現在、私たちの電話や相手の電話、メール交換、ネット上の検索、GPSによる移動や監視カメラの映像など、諜報機関に狙われたら最後、逃げようとしても不可能だ。

イギリスの作家ジョージ・オーウェル（一九〇三―一九五〇）の有名な小説『一九八四年』（一九四九年刊）では、近未来の世界として、市民の行動が「テレスクリーン」と呼ばれるテレビや隠しマイクなどによって、独裁者にすべて監視される恐怖が描かれている。ところがビッグデータの世界はそれ以上、より巧妙に、恐怖心を与えずに個人を監視下に置いている。

データを集積する目的は、それを転売して商品化するためのデータベースを補給するためのみ。そのデータベースを、諜報機関は容疑者を追跡すると称して好き勝手にあさることができるのだ。葬儀の日に、骨壺とともに故人の一生分のデータが家族に提供される日もそう遠くないだろう。そのデータには、病気のカルテや、感情の吐露、消費の習慣、性的な好み、知的傾向、故人が生前、胸に秘めていたことなどが全部含まれるはずだ。

二十世紀初頭以降、進化するいっぽうのテクノロジーと、それについていけない私たちの溝は深まるばかりだ。とくにデジタル時代になってからは理解できないことが増えている。一般市民は重要な問題から遠ざけられ、与えられる情報もあいまいだ。デジタル企業はそれをいいことに隠蔽体質を貫き、その陰で経済発展をほしいままにしている。短期的な利点にのみ目がいって見えなくなっているのは、人類史上における大変化であり、人間が情報システムに自ら支配されていることである。

デジタル革命の利点について大々的に宣伝されていることはご存じのとおりで、ここで改めて述べる必要もないだろう。したがって本書では、その裏に隠れたネガティブな面、脅威について多くを割くことにする。

現実に私たちが脅かされているのは、個人の自由であり、私生活、プライバシー権、もっと広くは民主主義そのものに危険が迫っている。ファシズムや共産主義は何百万人という人を破滅に追い込んだが、しかし、ここまで人を変え、透明化させることはなかった。丸裸の人間が苦しみのない状態で自由を奪われている。今世紀の終わりを待たずに、人間は知的にも、金銭的にも、このシステムの完全な支配下に置かれることになるだろう。

このシステムについて徐々にわかってきたのは、長寿や、身体的、物質的安全と引き換えに、「自由」を引き渡すのが条件になっていることだ。これから語るのは、目につく強制も暴力もなく、地球全体をコントロール下に置いてしまったある産業の老獪《ろうかい》な成功物語である。

2．テロリズムとビッグデータ

「ましてや、このただひとりの圧政者には、立ち向かう必要はなく、うち負かす必要もない。国民が隷従に合意しないかぎり、その者はみずから破滅するのだ。なにかを奪う必要などない、ただなにも与えなければよい」

作家・モンテーニュの親友

エティエンヌ・ド・ラ・ボエシ（一五三〇―一五六三）

『自発的隷従論』（ちくま学芸文庫）より

二〇〇一年九月十一日、アメリカ同時多発テロ事件で世界は一変し、人類は完全監視時代に突入した。ブッシュ大統領政権下のアメリカ合衆国は、本土を直撃されたうえ、この大惨事を予測さえできなかったことに大打撃を受け、地球規模での盗聴網を完備した。ほくそ笑んだのは電子監視システム産業だった。

九・一一以降の監視網はしかし、アメリカ本土での新たなテロを防ぐことはできなかった。思い起こすだけで、二〇一三年四月のボストンマラソン爆弾テロ事件、二〇一五年十二月のカリフォルニア州サンバーナーディーノでISを名乗る夫婦が障害者施設に乱入し十四人を殺害した銃乱射事件、さかのぼって二〇〇九年十一月のテキサスの陸軍基地で過激派の軍医が十三人の同僚を殺害した事件も忘れてはならない。

一般市民が自由を犠牲にして代償を払ったにしては、効果はあまりにも不十分だった。世論の圧力で、アメリカは一部の監視網を解体せざるをえなかった。

逆にヨーロッパは、NSA（アメリカ国家安全保障局）が配置する監視システムをテロ対策のモデルとし、アメリカのセキュリティ関連コングロマリットに全面的に依存する覚悟で追随している。

とくにフランスでは、二〇一五年一月七日の風刺週刊誌シャルリー・エブド襲撃事件と、同年十一月十三日に死者百三十人、負傷者三百人以上を出しパリを血まみれにした同時多発テロで、この確信はさらに強まった。武器ではなく、テクノロジーによる監視を魔法の杖にしてしまったのだ。

じつはフランスの諜報機関は、一九九五年のイスラム過激派によるパリ地下鉄駅爆弾テロ事件以降、国内で計画されたテロをすべて未然に防いでいた。それが十七年後の二〇一二年、フランス南西部ミディ＝ピレネー地域圏で連続銃撃テロ事件が発生。モントーバンでは兵士二人が殺され、トゥールーズではユダヤ系の学校が襲撃されて教師一人と児童三人が亡くなった。

それに先立ち、二〇〇八年に当時の大統領ニコラ・サルコジの肝いりで改革した国内諜報機関にとっては手痛い失敗だった。この年に誕生したのがＤＣＲＩ（国内情報中央局）、現在のＤＧＳＩ（国内治安総局）で、諜報機関と内務省管轄の情報調査局を統合したものだ。この強引な再編で致命的な打撃を受けたのが、国内で圧倒的な成果をあげていた、地域密着型の諜報機関ＲＧ（国家警察総合情報局）だった。

先に述べた二〇一二年のミディ＝ピレネー連続銃撃事件と、二〇一五年十一月十三日パリ同時多発テロの史上まれにみる殺戮事件のあいだに、フランスは四件のイスラム過激派によるテロに見舞われている。二〇一四年十二月にナイフを持った男が警察を襲撃したジュエ＝レ＝トゥール事件、前述した二〇一五年一月のシャルリー・エブド襲撃とユダヤ系食料品店「ハイパー・キャッシャー」での殺戮事件、同年六月、リヨン郊外のガス工場での自爆テロと一人が頭部を切断されて犠牲になった事件、さらに同年八月の高速鉄道タリス車内での銃乱射事件である。

つけ加えるなら、同じ年、教会への襲撃テロで、犯人のイスラム過激派の新米が車の運転手を一人殺したあと、不手際から自分の足を銃で撃って失敗した事件がある。同じく、パリ同時多発テロから五日後、主犯格のアブデルハミド・アバウドが再びテロを実行しようとしていた寸前、フランス警察の特殊部隊によって銃殺された事件もある。潜伏先が突き止められたのは口コミ情報で、よくある麻薬取引の盗聴が発端だった……。また、実行犯グループで車の調達役だったサラ・アブデスラムがベルギーで逮捕されたのも、ある情報提供者による「密告情報」からだった。

それにもかかわらず、オランド政権上層部は、個人からの情報やテロリストグループへの潜入を軽視して、電子機器による諜報の強化に固執した。失敗するたびに電子網を拡張し、獲物の質にはさほどこだわらずに回線網を増強している。相も変わらず、情報の質より量のほうを上に置いている。それ以前にフランス国内で行動を起こしたテロリストのほとんどは、諜報機関によって認知され、「お尋ね者」になっていた。しかし人海戦術による諜報活動から手を引いた結果、六十人に及ぶ重要人物に集中して捜査する予算も人手もなくなったのである。質より量の問題点はＮＳＡの元職員ウィリアム・ビニーも認めている。

「犯罪を犯した者を見つけるのが目的なら、地球の全住民についてのデータを雑然と揃えておくのは役に立つだろうが、しかし、大量殺戮が起きる前に防ぐのが目的なら、この方法はよくない」と言い、こうつけ加える。「よい方法は、データを理論的に分析し、特定の地域と、特定の人物に絞ることだ。対象者も容疑者と、既知のテロリストに分類することだ」（ＡＦＰ配信。二〇一五年十一月十九日）

テロとの闘いにデジタルの巨大企業を味方につけたアメリカは、これを機に、切り札として「地球空間の情報圏」のコントロールをつけ加えた。ここで矛盾するのが、ビッグデータそのものが、心ならずもイスラム過激派を焚きつけていることだ。

テロリストが社会を恐怖に陥れるのは、殺された人の数よりはむしろ、メディアがあおり、それがネットで倍々増されるからである。ビッグデータは意に反して、社会に衝撃波を拡散させているのである。こうして社会全体が慢性的な暴力に慣れてしまい、本当に大殺戮が起きているのに一般市民にはそれほど精神的な衝撃を与えていない。たとえばアメリカでは、二〇〇一年から二〇一三年のあいだ、国内でのテロの犠牲者は三千人なのに対し、銃による犠牲者は四十万人にものぼっている。

ＩＳはアルカイダ以上にインターネットを利用している。彼らが残虐な思想を地球規模で拡散できるのは、ＳＮＳ（ソーシャル・ネットワーキング・サービス）のおかげである。ＩＳの幹部で、フランス人の若者をジハード戦士に勧誘する主要人物、セネガル系フランス人のオマル・ディアビ、通称オマル・オムセン――一説には二〇一五年にシリアで殺害されたとされるが真偽は不明――が作成したプロパガンダ用のビデオシリーズは、フェイスブックからフェイスブックへと転送され、ネット上で何十万回と閲覧されていた。SNSがなければ、ISは世界じゅうから何万人という戦士をリクルートできなかっただろう。彼らはインターネットの力を利用して、社会で目標を失った若者たちを虜にしてしまったのだ。そのような目的のために、ネット上には「ダークネット（闇ネット）」もあるが、これについてはあとで述べよう。

フランスでは現在、殺戮を実行するジハード戦士のサイトを閲覧するのは違法になっているが、しかし、グーグルやフェイスブックは、公式には同意しているものの、この種の検閲には及び腰である。こうしてビッグデータ企業は、ISが世界規模でプロパガンダを発信するのに最大の媒体になっていると同時に、反テロ対策と称して国家の諜報機関のために膨大な情報をかき集めているのである。ISとビッグデータ企業の関係は経済用語でいう「ウィンウィン」の取引と言えるだろう。

3．ビッグデータが夢見る世界

「中国では、すでにアメリカ合衆国は過去の超大国で、これからの超大国はグーグルだと言われている」

ローランド・ベルガー経営戦略コンサルティング代表
シャルル＝エドゥアール・ブエ
二〇一四年九月

二〇一四年初頭、フランス最大の広告エージェント、ハバス・グループのＣＥＯヤニック・ボロレは、グーグルの幹部に会うためにサンフランシスコに行った。その年の暮、ボロレはパリでビッグデータについて講演し（註1）、集まった企業経営者を前にアメリカ旅行について話した。

「着陸後、携帯をつけたらテキストが送られてきて、何かと思ったら、私が滞在するホテルの近くの日本料理店で、サーモンのすしが十五パーセント引きになっているという情報でした。ドキッとしましたね。サーモンのすしは大好物だったものですから。不思議でならなかった私は翌日、グーグル本社のあるマウンテンビューで、誰があの広告を送ったのかとズバリ聞きました。するとグーグルの人たちが言いました。

『私たちですよ！　あなたが到着したときに位置を確認し、あなたの手帳とメールをモニタリングして、あなたが宿泊するホテルと、サーモンのすしが好きなことがわかり、さっそくホテルの地区のレストランに限定してリアルタイムで広告を購入したというわけです。どうですか、すごいでしょう。何でもできるのですよ』

私は少し不安になったので、

『でも、私生活はどうなるのでしょう？』

と指摘すると、

『はあ、なるほど、プライバシーですか。確かにヨーロッパの方はよく問題にされますね』

そのとき私は思いました。ここで足を引っぱるより、前へ進もう、良識に委ねようとね」

地球上では一分ごとに約三十万件のツイート、千五百万件のSNS、二億四千万件のメールが送信され、グーグルの検索エンジンでは二百万個のキーワードが打たれている。

同様に、ビッグデータ企業は携帯電話やスマートフォンなどにも触手を伸ばし、私たちの個人データを回収している。メディアはもちろん、通信、銀行、エネルギー、健康、保険……どの分野においてもこの触手から逃れることはできず、情報はおもにインターネットユーザー自身から供給されている。私たちが買うもの、買いたいもの、これから食べるもの、一日にやること、健康状態、車の運転の仕方、愛し方からセックスの仕方、意見など、すべてが検討されている。

二〇一〇年以降、人類は五千三百年前に文字が発明されてからの情報と同じ量の情報をわずか二日で生みだしている。うち九十八パーセントが、現在はデジタルの形になっており、私たちはまさに世界じゅうから発信される情報の真っただ中にいる状態になっている。そこではすべてが行き交っている。家族の写真、音楽、巨匠の絵、取扱説明書、行政の資料、映画、詩、小説、料理のレシピ……。どんな些細なことにも正確な日付が秒単位で記され、生活が営まれている証にもなっている。

データの七十パーセントは個人から直接発せられるとしても、それを利用するのは営利目的の私企業だ。アップル、マイクロソフト、グーグル、フェイスブックは現在、個人のデジタル情報の八十パーセントを所有すると言われている。これは石油に代わる新しい金鉱脈である。アメリカだけを見ても、ビッグデータ企業による世界の総売上は

――この言葉が辞書に登場したのは二〇〇八年――八十九億ドルにのぼる。しかも成長率は年四十パーセント、二〇一六年には二百四十億ドルを超えるはずだ。

「ＡＧＦＡ」――アップル、グーグル、フェイスブック、アマゾンを総称しての略称――は、わずか十年で世界のデジタル業界を征服してしまった。未知の大陸を意味する「第七大陸の企業」とも言われるこれらの私企業は、超大国アメリカの新たな顔である。

アメリカは経済面で絶対的優位に立つ基礎固めとして、まず石油産業と手を組んだ。海外ではクーデターを背景にうまく立ち回り（パナマなど）、ゲリラ運動を物資・資金両面で支援し（ニカラグアなど）、軍事的に介入して（イラクなど）、利権を取り込んできた。そこにデジタル産業の力を借りればさらにもっと優位に立つことになる。今回の利権は、石油と違って混みいっておらず、一致している。世界最強の国アメリカと、データのコングロマリットの結合は、新しい種類の集合体を生みだしているところである。グローバル化の申し子で、突然変異とも言えるこの強力な集合体が意欲を燃やしているのは、まさに人類を改造することなのだ。

地球規模でインターネットサイトのドメイン名のリストを集中管理する、いわゆる「ルートネームサーバー」は世界に十三あるのだが、それを運営する十二社のうち九社がアメリカなのはご存じだろうか？　こうしてアメリカはウェブ上の名簿リストまで手中にし、世界レベルで接続される膨大な情報を集めているのである。また、ドメイン名の割りふりと管理を委任されているのはアイキャンＩＣＡＮＮで、これは非営利団体ではあるが、米商務省の管轄下にあり、本部があるのはカリフォルニアだ。

こうして現在、ビッグデータを管理しているのはアメリカである。ビル・ゲイツやフェイスブックのＣＥＯマーク・ザッカーバーグなどは、新たなロックフェラー、新興財閥だ。アメリカが彼らに、デジタル鉱脈の開発と保存、精製を委任したのである。人類史上、権力と富がこれだけ少数の個人に集中することは、かつてなかった。デジタル業界は超オリガーキー（超寡頭体制）を生みだしたことになる。石油と違って、データは枯渇することがなく、永遠に供給される。ちなみに、自由に使える膨大なデータの九十パーセントは、ここ数年のあいだのものである。

近年、組織変更して持ち株会社「アルファベット」になったグーグルは、株式公開から十五年も経ずして世界最大の企業になった。二〇一六年度の時価総額は五千四百四十七億ドル、石油企業の巨人エクソンモービルの二倍近くに達している。アルファベットの後に続くのは三つのビッグデータ関連企業、アップル、マイクロソフト、フェイスブックだ。エクソンモービルは、二〇一一年には時価総額で世界のトップにいたが、二〇一六年に七位まで格下げになった。アップルとアルファベットにいたっては、儲けを現金で蓄えた「内部留保」が二社だけで二千八百九十億ドルにものぼっている!

石油産業と同様に、データを原材料としたら、それに付加価値を与えるのは精製の段階である。コンピューターで一方的にがぶ飲みされた情報の精製は、高度に洗練されたアルゴリズム(算法)によって行われ、情報を無限大に記憶するメモリー装置と、日々強力になっているプロセッサーで処理されている。このため、グーグルのような大企業は世界各地の少なくとも四十五か所に計算センターを持っているとされているが、この数字は秘密。多数のサーバーを集積した各データセンターが、世界を循環するインターネット網の一部を吸い上げているというわけである。

これら巨大な各データセンターが消費する電力は、人口四万人のアメリカの街に匹敵するそうだ。いずれにしろ、エコとはほど遠いものがある。ちなみにグーグルは、二〇一二年度に百五十万トンの二酸化炭素を排出しているのだが、これはブルキナファソ(*西アフリカの国)の一年分である。また、グーグルなどの検索エンジンは毎日、データで二十四ペタバイト(*一ペタバイトは約千百二十五兆バイト)の索引を作っているが、これも世界最大の図書館、アメリカ議会図書館が保有するデータ量の千倍に相当する。

データは精製されるほど価値が上がるのだが、精製のレベルはアルゴリズムの質いかんで決まってくる。グーグルが誕生したのは一九九八年、共同創業者のセルゲイ・ブリンとラリー・ペイジが発明し、二人の名前からつけた「ページランク」という名称のアルゴリズムからである。この革命的なアルゴリズムのおかげで、会社は世界最大の検索エンジンになり、世界のインターネット検索の七十パーセントを独占。とくにヨーロッパではユーザーの九十パーセントがグーグルの検索サービスを利用している。

ところで、みなさんはガーボルの法則をご存じだろうか？　ビッグデータの掟の一つとして厳に守られている法則だ。ホログラフィー（＊三次元像を記録した写真の製造技術）を発明したハンガリーの物理学者で、一九七一年のノーベル物理学賞を受賞したガーボル・デーネシュ（一九〇〇―一九七九）によると、「技術的に実現できるとみなされたものはすべて、道徳上非難すべきものであっても、実現しなければならない」となる。したがって、情報はすべて使ってよいことになる。なぜなら、重要なのは集積の質ではなく、集積そのものだから。最終的な目的は集積の段階ではわからず、使用法は必ずしも当初想定されていたものでなくてよく、一つにも限られないということだ。

消費者である一般市民の情報をキャッチする道具を手にするのは、アップルであり、マイクロソフト、グーグル、フェイスブックだ。その道具には、アメリカの諜報機関に通じる抜け道がある。デジタル化された私たちのデータは私たちのものではなく、ハイテク産業の支配者たちがそれを無料で横取りしているのである。私たちは丸裸にされ、私たち自身の一部、私たちのデジタル指紋が盗まれているのだ。ビッグデータ企業は私たち個人を犠牲にして権力を築き上げた。彼らが主張していることとはまさに真逆である。

たとえばフェイスブックのCEOマーク・ザッカーバーグは、彼をフォローする三千百万人のユーザーに、愛読書であるベネズエラ出身のジャーナリスト、モイセス・ナイム著の『権力の終焉』（邦訳は日経BP社刊。二〇一五年）を紹介し、「権力を政府や軍隊などの大組織ではなく、個人に優先的に与えることで世界はどう変わるか」と訴えている。つまりザッカーバーグによると、権力が国家に集中せず、個人やフェイスブックのようなSNSに持たせることで、個人は解放される……ということだ。

ここで彼らの敵が明らかになる。国家権力だ。シリコンバレーの企業家にとって、現在の形の国家は打倒すべき存在であり、恐怖の主だ。ジョージ・オーウェルの『一九八四年』に登場する独裁者ビッグブラザーどころか、ビッグファーザーなのである。

新自由主義で有名な経済学者ミルトン・フリードマンの孫で、グーグルの元エンジニア、パトリ・フリードマンにいたっては、政府を「何の役にも立たない産業」、民主主義を「適合不能」と見なしている。現在の政治体制は硬直化しており、商取引やデータ使用の規制などは時代遅れ、進歩を妨害するものでしかないと、大っぴらに言っているのだ。

そんなパトリ・フリードマンが闘志を燃やすのは、ハイテク企業家と国家の分離である。二〇〇八年、彼は国家の主権が届かない「海上自治国家」を地球全体に建設するのを目的とした「海洋居住研究所」構想をぶち上げた。フリードマンはすでに、オンライン決済サービスの最大手ペイパルの創業者の一人で、巨億の富を有する大富豪ピーター・ティールから百五十万ドルの資金を集めている。さらに彼は二〇〇九年四月、新自由主義のシンクタンク、ケイトー研究所のサイト上で「テクノロジーと国家」の「デス・レース」が始まったとまで宣言した。

そして二〇一三年秋、予算案の対立でアメリカ連邦政府の一部が一時的に閉鎖されたとき、即座に嚙みついたのがピーター・ティールだった。

「権力では私企業のほうが超越している。私企業が閉鎖したら株式市場は崩壊するが、政府が閉鎖しても何も起こらず、私たちは前進し続ける。大した問題ではないからだ。実際問題、政府の機能麻痺は私たち全員にとっていいことだ」。

ピーター・ティールはここでいう私企業と同じ立場であり、フェイスブックへの外部からの最大投資家でもある。そのＣＥＯマーク・ザッカーバーグは二〇一五年十二月、自ら創設した慈善財団「チャン・ザッカーバーグ・イニシアティブ」へ自社株の九十九パーセントを寄付すると大々的に表明した。この組織は規約によると、支援先は慈善事業に限らず、私企業にも投資していいことになっている。これは彼が公式にかかげる目標に通じることでもある。

「人の潜在力を引き出し、平等を促進する」、つまり、ザッカーバーグの世界観を普及するもので、それは私企業の優位性と、国家に対する不信である。

いっぽう、ネット界の新星で、電子仮想マネー、ビットコインの専門家バラジ・スリニバサンは、二〇一三年十月、「シリコンバレーの最終出口（＊国家と分離するという考え）」と題した講演に招かれ、次のように語っている。

「アメリカ合衆国は衰退する巨人になり果て、いずれ歴史から姿を消す。ベンチャー的な国家を創設しなければならない」。

そしてこう強調した。

「ＩＴ企業が時代遅れになったら、あなたは内部から改革しようとしなくていい、そんなところはさっさと去って、自分でベンチャー企業を立ち上げるのだ！　国家と同じことをする必要などない」

さらに二〇一四年五月、今度はグーグルのラリー・ペイジがコンピューターデベロッパーを前に放言した。

「私たちにできる重要でエキサイティングなことはたくさん、たくさんあるのだが、しかし、違法だからできないのである」。

彼らの本当の姿がここにある。表面上はクールなパイオニアたちの言動から透けて見えるのは、厄介物になった民主主義と決着をつけることである。厄介なのはメディアもそうだ。グーグルのスローガンがそれを鮮明にしている。

「世界の情報科学を組織して、全世界的にアクセスできるものにしよう！」

第四の権力と言われるメディアを無力化するために、ビッグデータ企業は成功確実なプランを実行している。敵を弱体化させるために、できるだけ手を差し出し、最後はだまして取引するのである。

六年間で十億ユーロの広告収入を吸い上げられたフランスのメディアが反撃に出た。検索エンジン側に、メディアのニュース記事をスライドして掲載した分に対して、利益の上前を払うよう要求したのである。それに対し、法律で支払いが義務づけられるのを避けたいグーグル会長のエリック・シュミットは、二〇一三年二月一日、自らフランス大統領官邸を訪れ、フランスのメディアの代表たちと協議した。その結果、グーグルは納付金の代わりに、「メディアのデジタル改革のための基金」を創設することで話がついた。それはグーグルいわく「政権ならびに一般紙が、デジタルへの移行をスムーズに行えるプロジェクト」を支援するためだった。フランスの主要日刊紙、週刊誌九社は、六千万ユーロと言われるリベートの三分の一をすでに受け取ったと言われている。これはオランド大統領が承認した正式な文書に基づいて、メディアに点滴を打ちながら批判を和らげる巧妙なやり方で、あたかもエリック・シュミットが国家元首のようである。

いっぽうのフェイスブックは、二〇一五年、アメリカ、イギリス、ドイツの主要メディア九社と合意に至っている。合意内容は、独自に開発したアルゴリズムでネットワーク上に掲載する記事を決めるというものだ。フェイスブックは自社の論理に従って、他社が作成した情報の衝撃度を判断する検閲のようなことを行っている。こうして新聞・雑誌のメディアは徐々にマーク・ザッカーバーグの手に落ちている。彼が展開する「インスタント記事Instant Articles」にしても同じ論理だ。これはフェイスブック上から一部の新聞・雑誌――フランスでは『ル・パリジャン』紙、『ヴァン・ミニュット』紙、『パリ・マッチ』誌、『レ・ゼコー』紙――のコンテンツにアクセスできる機能で、ここでももちろんフェイスブックが牛耳っている。

アップルのコントロールはもっと直接的だ。たとえば、アイパッド上でもアイフォン上でも検閲権が行使され、使用された映像が淫らだと判断されたら削除されてしまうのだ。こうしてアップルは、アプリのアップルストアから、フランスミュージックのポッドキャストを削除して猛反撃を受けたことがある。それはエロチシズムに捧げた音楽番組で、背景にマネの有名な裸婦の絵『オランピア』が使われていたものだった。

ビッグデータ企業にとって、民主主義はその普遍的な価値観も含めて、もう用のないものになっている。ギリシャ人によって考案された市民の概念などもう古い！　ベルギーのナミュール大学で法律を研究するアントワネット・ルーヴロワによると、これらの企業は「アルゴリズムによる政治理論」（註2）を目標にしているという。

「行動を規制するより、可能な未来を予想して行動する。理解力や意志の力を当てにするより、不安から反射的に行動しそうな個人のみを対象にする」

まさに前代未聞の政治形態である。

ビッグデータによって形成される未来の社会では、国家や政治家が不要になり、消滅してしまう恐れがある。民主主義も、代議員制度も息切れ寸前である。もし、ビッグデータ企業がリアルタイムであらゆる社会政策に対する各個人の反応を知るようになったら、現在のように四、五年ごとに投票することにまだ意味があるのだろうか？　あまりなさそうだ。

そしてさらに、国家の主たる特権の一つ、税金の徴収をビッグデータ企業に要求することについてはどうだろう？　これは難しそうである。ちなみに、フランスで活動するビッグデータ企業のほとんどは税金を払っていないか、払っても少額であることはよく知られている。同じヨーロッパに、ルクセンブルクやアイルランドなど、税制で有利な国があるおかげだ。

管理をすり抜けて莫大な収入をわが物にするビッグデータの世界は、国境のない超グローバル化した世界であり、データの収集と処理についていけないヨーロッパモデルにとっては脅威となっている。


（註1）テクニオン・フランス協会主催講演「ビッグデータの意味を考える」より。化学会館にて。二〇一四年十二月十五日。

（註2）http://works.bepress.com/antoinette_rouvroy（アントワネット・ルーヴロワのHP）より。

4．プラトンの予言

「もし囚人たちがそのままの状態に置かれたら、彼らは自分たちが見る影を真実と思うだろう。君はそう思わないだろうか？」

古代ギリシャの哲学者プラトン
『国家』第七巻より（紀元前五世紀）

「手足も首も縛られた人々にとっては、物の影が真実であり、彼らにとっての真実は影のなかにしかなかった」。

約二千五百年前、古代ギリシャの哲学者プラトンは、著書『国家』で、生まれたときから洞窟に閉じこめられた人々の運命について語っている。捕虜にされた人々は監視下にあり、壁に映し出される影を真実と信じ込まされて、意識が覚醒するのを妨げられている。この有名な「洞窟の比喩」では、監視する者たちもまたいかさま師で、囚人たちを受け身の状態に置き、投影された真実にすがらせている。次々とあらわれる映像に囚人たちは幻惑し、逃げ出して自由になりたいという欲望さえ抱かなくなる。こんなプラトンの予言が現実になりつつある。ビッグデータ企業が望むところの世界で、私たちはかつてないほど幻想という名の鎖に縛られている。

私たちはいま歪んだ鏡のなかに閉じこめられているようである。しかもその鏡は透けて、裏には錫《すず》めっきもない。現実を映《うつ》しただけの映像が、私たちの頭のなかで現実そのものより重要になっている。

心配な症状は、私たちが記念写真に夢中になっていることだ。簡単に撮影でき、無限に保存できるスマートフォンのおかげで映像の過食症になり、しかもそれらの映像は瞬時に世界じゅうで共有されている。インスタグラムやフェイスブックのビデオを通して、四億人のユーザーが毎日、八千万枚の写真を交換し合っている。ここで重要なのは瞬間ではなく、デジタル写真にすることだ。意味があるのは現在ではなく、それを画素にして残すことなのだ。キリマンジャロの登頂に成功したとしても、フェイスブックやツイッターに証拠写真を載せなければ何の意味があるだろう?

二〇〇八年、ジュネーブにある欧州素粒子物理学研究所で、世界最大の衝突型円型加速器「大型ハドロン衝突型加速器」が稼働したさい、一部の学者はこの実験によりブラックホールができる可能性があると指摘した。幸いにもそれは生じなかったが、しかし、世界のデジタル化が、知らず知らずのあいだに、ブラックホールのように現実を呑み込もうとしている。それが制御できない事態になっている。

一九五〇年代、テレビが一般に普及し始めたとき、ドイツの哲学者ギュンター・アンダース（一九〇二―一九九二）は、この魅力的な画面の危険性を予感し、「亡霊が現実になると、現実が亡霊のようになる」と警告を発していた。

いまやレストランでは、迷惑を顧みず料理まで写真に撮られている。この病気は世界じゅうに蔓延し、地球上いたるところで、客は料理が出てくるとスマートフォンを出して撮影し、SNS上に貼りつけている。ここでの共有はまがいもの、料理はただの騙し絵だ。なぜなら大事なこと、味蕾で感じる感動はもちろん、テーブルを囲む楽しい雰囲気などはデジタル化できないからだ。ここでは写真が主役だ。現実を反映した映像が、実際の体験の上を行っている。自撮りの流行が、プラトンの「洞窟の比喩」で壁に映し出された影に通じると思うとゾッとする。

データの虜になった人間は、時間の概念を捨て、小刻みな時間を必死になってついばんでいるようだ。充実した時間を生きていると信じているが、じつはどこにも存在していない。バーチャルの完全な世界に魅惑され、私たちは現実を、その複雑さや欠点、偶然がもたらす予測不能なことを含めて忌み嫌うまでになっている。

なぜ、美術館に入るのに何時間も列を作る必要があるのだろう？　グーグルの「アートプロジェクト」をクリックするだけで、高画像でデジタル化された四万点の傑作にアクセスできるのだから。世界の美術館百五十館の絵画を集めたこのサイトには、すでに三千万人のユーザーが訪れ、七十億画素で復元された絵画の内部まで深く入り込むことができている。アートプロジェクトが幻想でなければ、なんだろう？　模倣品ばかりの偽の美術館ではないか。グーグルは、高画素の画質で細部にわたって私たちを虜にし、遠く離れたところにいるのに、絵とは最短距離の近さにいると信じこませている。人間業ではとてもできないまでの精密さに、人間の脳は陶酔してしまうのだが、しかしこれを偉業とするのは完全に馬鹿げている。

「一点の絵の細部を詳しく見ると、予想もできない発見があり、二進法をベースにした画素でモデル化できるようなものではありません。グーグルのバーチャル美術館で見られるのは本当の絵ではありません。確かに、ズームで絵を百五十倍にまでできますが、それだと全体がわかりません」

と、美術雑誌『ボザール・マガジン』（二〇一五年六月号）の編集長ファブリス・ブストーは嘆いている。彼はアート界でもっとも影響力のあるフランス人の一人である。そしてさらに強調する。

「もう一つ、サイトでは家から出ずに大量の作品にアクセスできるのですが、絵とのあいだに距離があるので、実際に絵と出会い、面と向き合ったときの反応に欠けています。これがデジタルの複写ではなく、本物だと反応はまったく違ってきます」

肉体の大きさがともなわないバーチャル体験は表面的でしかないのに、しかし、それが人を虜にしている。プラトンは『国家』で、影しか見ていない洞窟の囚人について次のように語っている。

「囚人たちが強制的に背後にある火を見させられたら、明かりを見ても目が痛くならないことがわかり、影を見せられていた状態に戻りたくないと思うのではないだろうか？そして、自分で直に見るもののほうが、影よりはっきりしていると判断できるのではないだろうか？」

私たちが強制的に見せられているデジタルの真実は真実ではないのである。ウェブ上で見せられるコード化された世界は、真実であっても私たちの感情がふるい落とされている。人間にしかないこの感情は、モデル化できないものであり、いいにつけ悪いにつけ、人間を予測できない存在、コンピューターとは違うものにしているはずだ。古代ギリシャ人にとって重要な価値だった「本物」の概念が消えてしまっている。彼らにとって本物であることは、自分自身を知り、あるがままの存在を受け入れることを意味していた。代わりに現在は、まがいものが支配している。まわりも自分自身も、何一つ本物ではない。この悪い流れの兆しとも言えるのが、中東に「アラブの春」が発生した直後の二〇一一年二月二十一日、エジプトで生まれた女の子にフェイスブックという名前がつけられたことだろう。

バーチャル化した社会が徐々に現実を蝕んでいる。いまや出会いサイトでの肉体関係のない愛人関係が裁判所で不貞と認められ、離婚が成立するまでになっている。かぶると仮想現実を見ることができるバーチャルヘルメットが一般向けに発売されたいま、今後は、本当の現実が音を立てて崩れていきそうだ。ビデオゲーム市場をターゲットにするハイテク産業はすべて、現実の世界とは見分けのつかない人工の世界に私たちを引き込もうと、あの手この手を駆使している。

フェイスブックは自社で「オキュラスVR」と名づけた仮想現実ヘルメットを開発するために二十億ドルを準備した。一九九九年に公開された空想未来映画『マトリックス』では、主人公の若きプログラマーが、コンピューターで作られた仮想世界「マトリックス」にいることに気づくのだが、それがまさに現実になろうとしている。

「現実は幻想です。実際に存在するのではなく、あなたの頭に記録されたものが現実なのです」と、オキュラス計画のコーディネーターは二〇一五年三月、自社のデベロッパーに説明していた。そこで発表されたこの計画の目的は、やはり私たちを「マトリックス」のなかで生活させることだった。仮想現実とは、まさに究極の狂気ではないだろうか？

現実とは、古代ギリシャ人によると五感で感知できる具体的な世界である。その感覚を失うと、自分自身も失うことになる。デジタル化による現実の実体の喪失は、自分自身の定義にまで関わってくるのである。これはビデオゲームの熱狂的愛好者が、３Ｄの世界にデジタル化した分身を投影して実際に体験していることである。彼らは自分が誰なのかもうわからなくなっている。自分の独自性を失い、自由意志を放棄して、それとともに、そんな世界から逃げたいという意志もすべてなくしている。洞窟の比喩で、囚人たちが彼らを幻想から解放しようと試みた仲間の一人を殺そうとしたのと同じ状況である。ここでもっとも甘く響くのは無料であることだ。

「インターネットではすべてが無料で、すべてにアクセスできる」という甘い約束に誘われて、私たちは洞窟へ走っていき、そこで最後は閉じこめられるのである。グリム兄弟の童話『ハーメルンの笛吹き男』で、笛吹き男の魔法で洞穴に閉じこめられた子供たちのようだ。まさに古い諺の言う通り。

「何かを得るのにお金を払わなければ、あなたは客ではない、商品である」

ＳＮＳに入会する段階で、私たちはわけもわからないままに契約する。そこでＩＤを登録すれば、いつでも自由に、つねに個人に合わせたサービスにアクセスできる。一種の悪魔との契約だ。送り手と受け手が流動化しているウェブ2・0上（＊ウェブの発達段階の総称）、いまや3・0上での個人の市場価格は、各自の仕事の力量ではなく、デジタル化されたＩＤである。しかもそれが何回となく転売されるのだから、まるで奴隷市場ではないか。

グーグルの会長エリック・シュミットも、共著書『第五の権力――Ｇｏｏｇｌｅには見えている未来』（邦訳はダイヤモンド社刊。二〇一四年）でこう断言している。「未来の市民にとって、商品としてもっとも価値があるのは各自のＩＤで、そしてそれは主としてオンライン上でのことになるだろう。データ革命の力で、各自のネガティブな面が逆に豊かで実りあるものに思えてくるだろう」。

別の言い方をすれば、ボランティアでデータを大量生産しているユーザーは利用されているのだが、それで幸せだということだ……。

私たちは自分の意志で、自由に接続していると信じ込んでいるが、じつは器械の言いなりになっている。コミュニケーションはルールに従い、メッセージも型や書式通り、友人関係もプログラミングされている……。アルゴリズムは私たちのＩＤの枠組まで規定し、フェイスブックに登録するときは、各自の人となりを記入する申請書も規格化されている。私たちの分身であるデジタルのＩＤは単純化され、コンピューターが処理できるように短くされてしまうのだ。

フランスの国務院コンセイユ・デタ（＊法務局と最高裁判所を兼ねたもの）がこの問題に取り組み、デジタルと基本的権利について調査した。二〇一四年九月に発表された報告書では、とくにその中立性について興味深いことが書かれている。

「現在すでに、各ネットユーザーが見ているのはそれぞれに違う検索結果になっている。広告も違えば、ポータルサイトの記事も、提供される商品情報も人と違っている。これは情報にアクセスするうえで重大な問題になるだろう」。

各自それぞれの好みを反映した記事やビデオ、サイトを提供することで、アルゴリズムはネットユーザーを一人の狭い世界に「閉じこめ」ようとしている。ウェブの当初の精神、「つながりからつながりへ、知識の分野も広がっていく」とは真逆の結果である。ネットの巨人が巧みに維持していた、ウェブの中立性が幻想だったことが暴露されたことになる。

ハーバード大学の教授ランタナ・スィーパーは、アルゴリズムの中立性で面白い体験をした。彼女がグーグルに自分の名前を打ち込むと、彼女自身の犯罪記録を調べるように提案された。なぜ彼女に犯罪歴があると思われてしまったのだろう？　答えは簡単、アルゴリズムは彼女の「ランタナ」という名前からアフリカ系アメリカ人と断定し、裁判所との問題を抱えていると推測したのである。アルゴリズムは中立ではないどころか、人種的偏見まで抱いたことがわかる……（註3）。

そもそも、ネットの中立性など不可能だ。なぜなら、デジタル業界はビッグデータ企業の利益に沿ってコード化されているからだ。ちなみに先のコンセイユ・デタの報告書は結論として、「アルゴリズム法」の創設を訴えている。

私たちはハイテク産業が世界をコード化して、私たちを陥れるのを意のままにさせ、法外な権力を与えてきた。なぜならデジタルの世界では、コードは法律だからである。二〇〇〇年一月、『ハーバード・マガジン』誌で、著名な法律学教授のローレンス・レッシグがこの点についての不安に触れている。

「コードはいくらかの価値を生みだしている。一部の自由を保証するが、しかし妨害もする。私生活を保護するが、しかし監視も強化する。ここでの問題は一つ。私たちは社会的な集団としての役割を持つのか、あるいは、私たち個人の価値観の選択をコード化に任せたままにしておいていいのか、それを知ることである」

危険なのは、データの支配者たちがほのめかすように、自由はコードによって保証され、したがって法律で保護する必要はないという主張を信じることである。

私たちを洞窟の奥に閉じこめておくために、大いなる幻想が売り込まれている。ネットワークで全員が接続しているから、あなたは決して一人ではないというものだ。しかし、実際はまったく逆である。

「ネットにつねに接続していると、国境も、文化も言語も関係なく結ばれているという感覚になる……、ところが、各自はそれぞれ、現実から切り離されたバーチャルな世界に閉じこめられている」

と、アメリカの人類学者シェリー・タークルは著書『つながっていても孤独？』（MIT出版部刊。二〇一一年）のなかで書いている。

私たちは実際、みんな一緒にいるのだが、しかし一人なのである。見かけとは逆に、ネットワークからも新たな連帯は生まれていない。これはつまり、一部の例外をのぞいて、各自が自分の殻のなかにいて、自分のことしか考えていないということだ。

日本では、何年も前から新しい社会病が観察されている。青少年や若者が家に閉じこもって四六時中パソコンに向き合っている症状で、日本では「引きこもり」と呼ばれている。社会学者で『もう一つのグローバル化』（フラマリオン刊。二〇〇三年）の著者ドミニク・ウォルトンは、それを「接続による自己疎外」と語っている。彼らはバーチャルな世界の外では生きていけないからだ。ところが、と彼は訴える。

「人間にとって重要なのは、映像ではなく、接触である」

こうして個人は徐々に萎縮し、自分自身で崩壊して、感情移入が遮断されたブラックホールのようになっている。これは恐ろしいことだ。私たちは人間としての大切な一部を失うかもしれないのだ。誕生したての人間は信じられないほど弱く、脳は「完成」していない。しかし、この弱さこそが人間の力になっている。人間の脳は、環境や他人と相互に作用することで成長し、豊かになっていくからだ。

人間は第一に社会的な動物である。つねに集団で行動することで救われてきた。人間の力は集団にあるのである。ところが、人間を構成する要素ともいえるこの連帯性が、ビッグデータの推進する極端な個人主義に攻撃されて消えてしまった。

教育現場でもすでに多くの教授が、空想の世界をうろつく学生が日増しに増えて孤立化しているのに気づいている。学生たちは現実からも、集団的な問題からも離れ、一人になって遊ぶという目的だけに生きている。

このような「精神病理的」な孤立が増大すると、果てはパラノイアから強迫神経症を発症することになる。ご存じのように、強迫神経症とは若者に増えている鬱状態を防衛する精神的なメカニズムである。それ以外にも、強い抑制力や、すでに述べた感情移入の喪失があり、そうなると個人は暴力による痛みを推し量ることができなくなり、果ては行動に移す恐れがある。ちなみに、アメリカで繰り返し残忍な殺人事件が発生しているのは、自分自身への「閉じこもり」が原因であることが確認されている。

（註３）フランク・パスカル『ブラックボックス社会』（ハーバード大学出版部刊。二〇一五年）より。

5．ある契約――ビッグデータの誕生

「少しの安全のために、少しの自由を犠牲にしてもいいとする国民は、どちらを得るにも値せず、結局は二つとも失うことになる」

アメリカ合衆国建国の父の一人
ベンジャミン・フランクリン（一七〇六―一七九〇）
一七五五年

約二十年前、ＩＣカードの発明者として有名なフランス人、ロラン・モレノが車で地方を走っているときにハンドルをとられ、車ごと横転した。当時の彼はＩＣカード市場でトップシェアを誇るフランス企業ジェムプラスの会長である。数週間に及ぶ昏睡と、長い療養期間のあと、モレノはそれまで反対していたＣＩＡが管轄するアメリカの投資財団からの自社への投資を受け入れた。この瞬間、アメリカは望むものを手に入れた。ＩＣカードの最大メーカー、コードの暗号化では世界的なリーダーをわが物にすること

ができたのだ。

二〇一五年二月、アメリカによるスパイ活動の広がりを暴露したエドワード・スノーデンの記事を公表してセンセーションを起こしたネット上の米ニュースサイト「インターセプト」が、今度はＮＳＡ（アメリカ国家安全保障局）がイギリスの同等機関ＧＣＨＱ（政府通信本部）と組んで、ジェムプラス（現在はジェムアルト）から膨大な量のＩＣカードの暗号化キーを盗んでいたことを暴露した。

その時点で、ジェムプラスの顧客が購入した各ＩＣに装備された暗号化キーは即、諜報機関に「回収」されていた。ジェムプラスの顧客とはモバイルネットワークオペレーター（移動体通信事業者）であり、その先にはそれぞれ何千万人というユーザーがいた。そこに「押し入り」、極秘裏にスパイ活動が行われていたのである。それを知った百九十か国、四百五十のオペレーターがジェムアルトを訴えたのだが、結局は双方の利害が複雑に絡み合い、うやむやに終わっている。

二十年前といえば一九九〇年代の終わり、アメリカの諜報機関が緊急に「地球空間の情報圏」を支配すべきことに気づいた頃である。将来、地球上の重要な情報はここを通るはずだとわかったのである。即座に「情報支配」と名づけられた行動計画が立てられ、デジタル企業との関係強化がはかられた。

ＣＩＡは投資財団としてのベンチャーキャピタル、インキューテル In-Q-Tel を創設、検索エンジンや、匿名でサイト内をナビゲートできるソフトなど、新しい技術を開発するベンチャーを後押しした。また、携帯やクレジットカードに欠かせないＩＣカードの技術をコントロールすることも重要だった。その一環としてジェムプラスに乗り込んだアメリカ人は急遽、会社のトップにインキューテルの元幹部を指名したのである。諜報機関と、いわゆるＩＴ（ＩＣＴ＝情報と通信に関する新しいテクノロジー）のあいだで契約が結ばれたのはこの時代である。そして後者のＩＴから生まれたのが「ビッグデータ」である。

現在、インターネットが個人を世界的に監視する第一の情報源になるまでの流れは、ベルリンの壁崩壊後、世界の調停役を買って出たアメリカを筆頭に、国際社会を揺るがす一つの出来事によって加速された。以降、かの有名な「世界をより安全な場所にする」がスローガンになる。いきさつはこうだ。

壁の崩壊後、世界の民主化の理論を旗印に、他国を寄せ付けない通信技術を装備したアメリカは、最強の軍隊を有していたおかげで世界の警察を自負するまでに力を付け、自国の利益に反する流れを食い止めようとした。共産主義の衰退を尻目に、冷戦時代に培った時代錯誤的な戦法を、まずはエネルギー問題で重要な鍵を握る地域、中近東で展開した。各地で勃発する紛争を経済的好機とみて次々に介入、この地域に持続的な不安定を生みだし、宗教の名を借りた軋轢《あつれき》を引き起こした。その点において、アメリカはほかの西欧諸国とともに大きな責任を担っており、それが現在、シリアやイラクで犯罪群団が暴発する引き金になっているのはいうまでもない。いっぽう、資本主義と共産主義の対立は、地理的にはっきりと分かれた二つの陣営でのことだったが、テロリズムは、発祥の地が中東とはいえ広範囲に広まった宗教をもとに発展したものである。

そんな情勢のなか、二〇〇一年九月十一日にニューヨークで発生した同時多発テロは、一九四一年十二月の真珠湾攻撃以上にアメリカを震撼させた。真珠湾攻撃はアメリカ大陸からは離れており、いずれにしろ予想されたものだったが、同時多発テロの悲劇はすぐに屈辱に変わった。アメリカは初めて本土を襲撃され、しかも、ニューヨークは国力を象徴する国際金融の中心地だった。テロの首謀者ビン・ラディンが事件の数年前、アフガン前線でソ連軍と闘うためにＣＩＡによって養成された人物だっただけにけい、この失敗は痛切だった。一部ではアメリカが新たな戦争世論を呼び起こすための陰謀説も囁かれたが、これはすぐに一掃され、悲劇は諜報機関の手痛い大失敗として語り草になる。

政府から非難されたＦＢＩ、ＣＩＡ、そしてとくにＮＳＡは、これを機に世界じゅうンタル情報を呑み込もうと、膨大なテクノロジー関連予算を獲得する。同時期、インターネットは世界的規模で躍進をとげ、その時点ですでに地球の三分の一が接続されていた。以降、目標となるのはグローバルな監視である。それまでのように、個々の集団をターゲットにして調べ尽くすのではなく、地球全体をスパイして、膨大な情報を精製するのである。

そしてこの目標は、偶然とはいえ奇跡のごとく、ビッグデータ企業が開発したテクノロジーの目標と同じものだった。グーグルで一回検索するだけで、数秒間で、人間を月に送り込むのに必要だった分の情報が集まった。複雑なアルゴリズムと、監視・警報システムで、コンピューターは怪しい個人や行動を検出することができた。

これはアメリカで「アレクサンダー法」と呼ばれる理論の概念からきている。二〇一四年に退官するまで九年間、NSAの長官だったキース・アレクサンダー将軍が普及につとめた概念で、「干し草の山から針一本を探しだすために、すべてを管理することが必要だ」というものだ。

フランス対外治安総局の元技術部長ベルナール・バルビエが、二〇〇七年にアレクサンダー将軍に会ったときのことを話してくれた。

「美味しい食事の終わり頃、デザートとコーヒーのあいだに彼が言いました。『私の目標は、世界じゅうのインターネットを盗聴することです』。驚いた私は彼の目を見てこう言ったのを覚えています。『どのようにして？』」。

そしてバルビエは続けた。

「いまになると、エドワード・スノーデンのことがあってはっきりわかるのですが、二〇〇七年にそう思っていたということは、その時点でNSAは盗聴設備を広く一般化して、世界じゅうを盗聴する能力があったということです」（『リベラシオン』紙。二〇一五年九月二十二日号）。

スノーデンの暴露で一般人が盗聴されていることを知った欧州委員会は、ビッグデータ企業がヨーロッパの個人ユーザーのデータをアメリカに移転するのを許容した法的枠組「セーフ・ハーバー協定」を無効にした。しかしその後、欧州とアメリカは二〇一六年二月に新たな法的枠組で合意、アメリカに移転された個人データの秘密はいちおう保護されることになった。

こうして「悪との闘い」「恐怖との戦争」がスローガンとなった。その手段となるのが全世界の監視である。世界じゅうの電話を盗聴し、メールを読み、ネットの検索状況を調べ、監視カメラに接続するために、莫大な予算が可決された。

以降は、情報交換を目的としたいかなる接続もNSAの監視の目を逃れることはできず、基準に従って処理され、保存されている。NSAの盗聴方法の詳細についてはいくらでも書くことができるだろう。しかしここでは現在、通信はすべてインターネットが利用され、NSAはその情報を伝達する光ファイバーに接続していることを理解するだけで充分だろう。情報がどこから発信されどこへ送信されようと、光ファイバーは一瞬でも必ずアメリカを通過することになっているのである。

全世界に衝撃を与えた悲劇的な出来事と、ほぼ同時期に、データの処理と保存能力が劇的に進化した情報システムが開発されたことで、この二つが結びついたのである。オーウェルが『一九八四年』でいみじくも描いた悪魔のような野心がここで生まれることになる。各個人がそれと知らずに、自分の一部または全体を地球規模の監視体制で暴かれるという、痛みをともなわない独裁体制の設立である。

アメリカの諜報機関がこれほど容易に方向転換できたのは、ベルリンの壁の崩壊による。

「諜報機関にとってそれまでの敵ははっきりと確認できました。この場合はソ連陣営ですが、それが、つねに脅威をもたらし、休戦条約も交わせない相手に変わったのです。これはつかみどころのない脅威であり、そのことが敵を根絶するまで永遠にやっつけるという、例外的な方法を正当化したのです」（二〇一五年十一月十三日のインタビュー）

と語るのは、戦略地政学のコンサルタントで、諜報機関の専門家でもある作家ペルシー・ケンプである。

人が発信する情報も含めた人類全体の監視体制はもはや計画ではなく、またたく間に構築された現実であり、国境も法律も無視し、何者も妨害できない勢いでエスカレートしている。妨害できるのは唯一、作り手であるプログラマーか、主唱者側しかいない。ビッグデータの支配者たちは、都合のよい法的枠組を口実に、諜報機関と密接に結託している。その法的枠組自体、あるとしたら最低限アメリカにあるだけで、NSAが必要ないとみなす残りの国々には存在しないものだ。

アメリカがこれほどまで帝国主義を掲げたことはかつてなかったことである。また、ほかの国々がこれほど抵抗せずにアメリカ主導に従っていることもかつてなかったことだ。とくにヨーロッパは、情報分野でのアメリカの覇権に対抗できずにいるように見え、将来は第二の列強に追いやられるのは目に見えている。

諜報機関とビッグデータ企業には共通した未来がある。世界じゅうの情報を集積して処理することで、今世紀最大の影響力を持つ連合体を作ることだ。アメリカという国で最強の権力の一部でもあるNSAは、こうしてハイブリッドの体制で臨んでいる。アメリカの民主主義の歴史のなかで、諜報機関が果たした役割には輝かしいものがある。

アメリカの諜報機関はつねに国家の守護神として働いてきた。一九六三年のジョン・F・ケネディの暗殺はその直接的な結果である。あの事件は秘密機関と軍が共謀し、付随的にマフィアがからんで実行されたことは、現在ほぼ間違いないこととされている。しかし、時を経てもこの事件に箝口令が敷かれているのは、単に一つの理由からだ。アメリカの民主主義の限界を示し、国家の利益が基本法を超えたところにあると暴露することになるからである。

九・一一後、テロの阻止と回避のために制定された「米国愛国者法」を見ると、それがよくわかる。この法律ではアメリカの民主主義の原則の多くが放棄され、第二次イラク戦争を正当化するための国家の嘘まで盛り込まれている。諜報機関による、実際には確認されていない情報を根拠に、当時のブッシュ大統領は国連の安全保障理事会で、サダム・フセインの国はアルカイダと密接な関係があり、大量破壊兵器を保持してアメリカ合衆国の安全の脅威になっていると、厳かに宣言したのだった。

ビッグデータ企業と諜報機関が密接に絡み合っているのは疑いのない事実である。エドワード・スノーデンが暴露したように、アメリカは諸外国のデータを吸い上げることができている。なぜなら、これらの情報はアメリカの私企業であるサーバーが保管し、そして、NSAはそのテクノロジー開発を完全に支配しているからである。ハイテク産業は諜報機関とうま味のある下請け契約を結んでいる。

ちなみに、スノーデンが最後に雇用されていたコンサルティング会社ブーズ・アレン・ハミルトンは、二〇一三年二月（＊スノーデンの暴露前）、米国国土安全保障省から百十億ドルもの大金を受け取っている。フランスの法務省の年間予算の一・五倍である。このコンサルティング会社の売り上げの九十八パーセントは米政府からの給付金だ。従業員二万五千人の半数は軍事機密守秘が保証されている。

二〇〇九年以降、ブーズ・アレン・ハミルトン社はカーライル・グループの傘下にあるのだが、後者は千五百億ドル近くの資産を有する世界最大の投資財団の一つで、一部では「ＣＩＡの銀行」とも言われているものだ。その理事会に顔を連ねるのは大物ばかり。なかでも元ＣＩＡ副長官で、のちにジョージ・Ｈ・Ｗ・ブッシュ（父ブッシュ）時代の米国防長官になったフランク・カールリッチがいるほか、父ブッシュも理事会のメンバーに入っている。

さらにＣＩＡは、自らのベンチャーキャピタル、インキューテルを介して、メガデータ分析の専門会社パランティール・テクノロジーズにも資金援助している。この秘密めいたベンチャー企業は、シリコンバレーでもっとも影響力のある企業家ピーター・ティールによって二〇〇五年に創設され、ＮＳＡやＣＩＡ、ＦＢＩのためにあつらえたアルゴリズムを作っており、現在の資産価値は百五十億ドルと言われている。余談だが、社名のパランティールはトールキンの『指輪物語』で未来を読める石につけられている名前に由来する。

諜報機関がハイテク産業との契約を量産する以前からも、情報科学のパイオニアたちは米国防省からの助成金をたっぷりと受け取っている。それがなければおそらく彼らは生き残れなかっただろう。インターネット自体、アメリカ軍が発明したものだ。冷戦真っただ中、ソ連の脅威に対抗するための改革を促進するのが使命だった米国防省管轄下の国防高等研究計画局が、核攻撃を受けても生き残れる分散型の通信システムの配備を関連各署に命令した。そうして一九六九年に日の目を見たのが、インターネットの元祖「アーパネット」計画である。

フランスのラジオ局スカイロック会長で、初期にインターネットサービス企業を創設したピエール・ベランジェは、著書『デジタルの至上権』（ストック刊。二〇一四年）のなかで当時のことを語っている。

「ガレージで生まれたという新製品が始動するのを見て、私たちは驚嘆したのですが、そのガレージが航空母艦の上にあるのをうっかり言い忘れたのです」

国家が諜報機関に大金を積めば積むほど、ビッグデータ企業はその恩恵に浴することになる。米国愛国者法にのっとり、国家の安全の名においてＮＳＡやＣＩＡがデータを保持する私企業に働きかけたとき、グーグルはその枠内で要求に応じ、年に一千から二千件のアカウントを監視した。

アメリカの諜報機関とビッグデータ企業の協力関係はどこまで行くのだろうか？　それを垣間見せるのが、一部で囁かれているように、アップルの開発したスマートフォンでバッテリーの取り出しがきわめて複雑になっていることである。

「盗聴を心配する者が最初にするのは、携帯のバッテリーを取り出すことです。バッテリーの残った電源で多くのことがわかります」

とフランス諜報部員の男性が語る。

二年前、ドイツの週刊誌『シュピーゲル』が信頼できる資料を元に暴露したのは、ＮＳＡはアイフォン内の情報コンテンツにいつでも自由にアクセスできるということだった。この場合は、ＮＳＡが二〇〇八年に開発したスパイウェア「Dropoutjeep」のことで、スマートフォン内のファイルやコンテンツをダウンロードしたり、ＳＮＳやアドレス帳、手帳の覗き見や電話の盗聴、さらには内蔵のマイクやカメラもリモコンで操作できるソフトである。アップルはこの報道を即座に否定、「ＮＳＡに協力したことはなく、自社製品に抜け道を作ったことなどない」と発表した。

その後、アップルは顧客の信頼を回復するため、カリフォルニア州サンバーナーディーノ銃乱射事件で、ＦＢＩに要求されたテロリスト夫婦のアイフォンのロックを外すパスワードの提供を拒否している。意地悪な見方をすれば、アップルはメディアを使って激しい応酬をすることで、諜報機関との関係を暴露されて色あせた商標を再び輝かせようとしているようにも見える。

いっぽう、コンピューターにも携帯にも侵入できるＮＳＡは、ＦＢＩと違って法の枠組を無視して行動し、結局、このスパイ活動を合法的なものにしている。デジタルの巨人と諜報機関を結ぶパイプラインの太さは誰も予想できないものになっている。スノーデンがその一部を明らかにしたいま、アメリカ政府にはいずれこの協力作業を一般大衆にも受け入れられるようにして欲しいものである。このスキャンダルでただ「契約」を見直すだけでは問題は解決しないだろう。

二〇一五年二月から、ＮＳＡ直轄のＮＣＣＩＣ（全米サーバーセキュリティ・通信統合センター）は、ハイテク企業と諜報機関でのデータの共有を調整しているのだが、ユーザーを裏切るような状況に置かれたハイテク企業側は、アメリカの諜報機関と表面上はやり合っているように見せて話題をそらし、しかし、テロ対策としての立場も要求している。グーグルはすでに、若者の「過激化」を防御できると自認している。二〇一一年六月、アイルランドで開催された過激派の暴力に関するセミナーで、会長のエリック・シュミットは、ビッグデータ企業には過激派に対する「もっとも威力のある戦略」があると言い切っていた。
「ビッグデータ企業は、ビデオゲームとソーシャルネットワークと携帯電話を同時に製造する企業だ。どの分野の若者でも楽しませる術をほかの誰よりもよく知っている。そして若者こそテロ要員としてターゲットになる人口層である。これらの企業はおそらくは、過激派の多様性や、イエメンやイラク、ソマリアなど国による違いまではわからないだろうが、しかし若者のことなら文句なく理解しており、どのゲームが望まれているかも知っている」（『レ・ゼコー』紙。二〇一五年十月三十日号）
と彼は言っていた。実際にグーグルは、その件に関してのシンクタンク「グーグル・アイデア」（その後ジグソーに改名）を立ち上げるため、元政府職員で、対過激派と対テロの専門家を雇い入れている。
矛盾しているのは、先に述べたように、ビッグデータ企業が意に反して、テロリストのメカニズムに取り入れられていることである。成功したテロとは、最低限の方法で最大限の反響を引き起こすことなのだが、そこで共鳴箱のような働きをしているのがインターネットなのである。テロ情報が拡散し、無限大に広がって、デジタルのメモリーに持続して組み込まれてしまう。そして拡散した動揺が大きいほど、諜報機関は見返りに金銭的手段を上積みされ、その一部でビッグデータ企業が恩恵を受けることになる。こうして安全のエコシステムは自己補給しているのである。

米軍の重要課題の一つに応えたシステムは、携帯電話と結びついたことで、四十年も経ずして、いつでもどこでもリアルタイムで接続できる驚嘆すべきテクノロジーになった。二〇〇〇年代の初めから、インターネットは生活の一部になり、接続の速さも目に見えて進化し続けている。

しかし、人間が生みだしたテクノロジーの素晴らしい改革には、必ずといっていいほど裏がある。インターネットに関しては、その副作用は「核の冬」（＊核戦争により地球環境が大変動し、人為的に氷河期が発生するという説）ほど壊滅的ではないが、しかしそれ以上に陰険で、個人の自由という基本的な価値観にまで作用することになる。諜報機関とビッグデータ企業が思い描く将来は、選挙のない世界政府の形成で、これ一つ取っただけでも民主主義への脅威である。

6．ジョージ・オーウェルの『一九八四年』

「プライバシーの概念が登場したのは、産業革命で都市化がブームになったときにすぎない。そのことから言えるのは、プライバシーとはきわめて異常な概念でしかないということだ」

グーグルのチーフ・インターネット・エバンジェリスト

ヴィントン・サーフ

二〇一三年十一月

いまの時代、ＮＳＡ（アメリカ国家安全保障局）は旧東ドイツの秘密警察「国家保安省」がつかんでいた以上の市民の情報を持ち、しかもそれを自由に使っている。アメリカの諜報機関は市民の日常の各瞬間、各動作、各メール交換に自由にアクセスしているのである。

私たちは現在、ポケットに入れた携帯電話がスパイであることを自覚している。秘密警察と同じように、スパイは私たちの移動をメモし、接触した人や友人をリストにして、手帳やテキストの書き込みや、受け取ったメールを覗き見し、私たちが見る写真やビデオまで……チェックしている。携帯は私たちの生活の書記係で、それに対して私たちは何も隠し立てができない。スパイの雇い主の名はアップルでありグーグルで、この二社だけで地球上のスマートフォンの開発システムの九十パーセントを管理している。

まわりの世界が吸取紙に変化してしまったことに、私たちはまだ完全には気づいていない。まず第一に、インターネットは文字通り個人をスキャンしている。ネット上の支払いはすべて身元が確認され、その時点で銀行口座は細かく分析されて、行動まで推測される可能性がある。債務者はかっこうの餌食だし、買い物依存症にしてもそうだ。お金を健全に運用しているかいないかで行動パターンを引きだすことができ、それをさまざまな組織に売り、各組織は未来の客の行動を前もって知ることができるようになっている。インターネットのオペレーターはわきまえたもので、各サーバーを通過する情報の塊が無限大にお金になり、系統立てて処理するだけで転売できることを知っている。たとえば保険業者なら、顧客と生命保険を契約する前に、その人物の病歴から食事の仕方まですべてを知りたいと思うだろう。この豊かな情報源は無尽蔵に見える。

売り手側が顧客の習慣や欲望にできるだけ近づけるためにも、消費者となる各個人の身元は正確に認識できるようにしなければならない。現在、オンライン広告では世界一で、収入の九十パーセントを広告に頼るグーグルは、社会人口学と経済人口学にのっとって各ユーザーのプロファイルを作成している。参考にされるのは、私たちの検索歴からわかる興味の中心テーマから、グーグルのメールアプリGメールで交換するコンテンツまで含まれる。迷惑メール対策を口実に、メール全体をスキャンして、キーワードを分析しているのである。恐ろしいまでの吸取紙は、私たちがデジタルの世界に残す痕跡をすべて吸収している。

それがいとも簡単なのは、私たちが契約条件の一項目に○印を入れて暗黙のうちに合意しているからである。「使用条件に同意しますか？」の条文をクリックすれば、すなわち同意。旧東ドイツの国家保安省では、二十七万人の公務員と五十万人の無償の情報提供者が、市民に気づかれずに個人情報をファイルに書き込んでいた。崩壊後に公開されたそのメモは一万七千キロメートルもの長さになったのだが、現在ではファイルに情報を書き加えているのは私たち市民である。

世界で十四億人といわれるフェイスブックの利用者は、友人のリストや恋愛状況、誕生日、個人的な写真、興味の中心テーマまで、すべてマーク・ザッカーバーグの会社に譲渡することを暗黙のうちに受け入れている。こうして、私生活の一部を手放している。

無料のサービスと引き換えに譲渡されたデータで、世界第二位のオンライン広告会社は甘い汁を吸っている。

顧客各個人のプロファイルをさらに精製するために、フェイスブックはパートナーサイトから提供される情報もすべて回収、そのために二〇一三年にマイクロソフトから買収したトラッキング（＊ユーザーの購買行動を追跡してデータを収集すること）の画期的なシステムを使っている。アトラスという名のこの広告ネットワークは、各個人がネット上をナビゲートするとき、各コンピューターのＩＰアドレスに貼り付いてしまうことから、同種のシステムであるクッキー（＊サイト上に広告やコンテンツを表示してユーザーを識別する）以上にネットワークの各メンバーを追跡することができるものである。アトラスではユーザー自身に足輪がつけられるので、使用する媒体が固定型でも携帯、タブレット、スマートフォンでも検出され、追跡されることになる。フェイスブックはこうして、十五億人近くのユーザーのネット上の痕跡を追っている。

電子書籍の愛読者もまたこの追跡を受けている。電子書籍は読者の読書習慣や本の好み、本を読むのに好きな場所や時間、メモしたページ、読み飛ばした章、最後まで読まずに閉じた本などを記録している。これらの情報はすべて出版社に転売され、販売計画を立てるときの参考になっている。音楽業界とて同じである。私たちがどの曲を、いつ、どこで聞くのかを知るためなら、いつでもお金を払う販売元は必ずいるはずだ。ツイッターが無料なのは、アクセスされたコンテンツをデータ企業に売っているからである。おそらく後者はそれを元に、お勧めの商品セレクションでも配信するのだろう。

アメリカのオンラインDVDレンタル会社ネットフリックスNetflixは、すでに「オーディエンス予言」、つまりシリーズごとに予約契約者の数を予測する研究を行っている。また、映画のプロデューサーにキャスティングの俳優リストを提供するサービスもしており、次の段階もすでに知られている。四百人近くの技術者がレコメンド機能のアルゴリズムを精緻化させ、ユーザーにお勧めの映画を提案しているのである。

情報は無限であり、ビッグデータ企業もそれを理解している。最終的な目標は、個人に関することならどんなに無意味なものでも、つねにもっと情報を収集することだ。アルゴリズムを活用すれば、そのなかから役に立つ情報が必ず引きだせるという考えだ。情報ならお金に関するものでも、政治、社会的に関するものでも、なんでもいい。私たちは完全な監視時代に入ったのである。

「私生活は異常なものになった」と言い切ったのは、インターネットの父の一人と言われ、現在グーグルのチーフ・エバンジェリストであるヴィトン・サーフである。私生活が消失したからといってなぜ泣くのか？　地球村が昔の村より悪いとは言わせない、昔の村でも全員が全員のことを知っていたではないかと、私たちは繰り返し教え込まれる。ただし違うのは、本当の村では各自が監視する人物を知っており、他人の行動を探る者はお返しに探られるということだ。そしてとくに、昔の村では自動監視体制は不完全だった。隣人の目がいつでもどこでもあるわけはなく、プライバシーを守りたければカーテンを下ろすことができる。それに対して、デジタル村のスパイは目に見えず、大規模で永続的で弱点がなく、集まった情報はすべて、現実離れした全知の力で集積される。イギリスの人気ＳＦテレビドラマで、主人公が国籍不明の「村」に閉じこめられる『プリズナー№６』にそっくりだ。

ここで思い出さなければいけないのは、私生活は人間に不可欠な息抜きの場であるということだ。

「私生活は隠すものではないが、ただ公の場ではないということだけで、私たちが公共の場で役割を果たすために必要なものである。生物学的に睡眠が必要なように、生きるうえで社会的に必要不可欠なものである」

と語るのは、生物学者でフランス国家生命倫理委員会会長のジャン・クロード・アメイサンだ。

「完全な透明性は、新しい形の宗教裁判に似ている。透明化されるとはどういうことなのか？　あなたを透かして見るということで、つまり、あなたを見ていないということではないだろうか？　私たちは正直さと透明性を混同させられている。ここで疑問を抱かなければならない。正直でいるための唯一の方法は、四六時中、監視下に置かれることなのだろうか？　もしそうだとしたら、人間は全体主義的な正直さを考案したということになる」（『ル・ポワン』誌。二〇一四年十一月一日号）。

そんな疑問に対して、グーグルの有力者からは有無を言わせぬ答えが返ってくる。

「もしあなたが人に知られたくないと思って何かをしようとしたら、たぶん、せずに終わるだろう」

と語るのは、グーグルのエリック・シュミットだ。

「隠すべきことが何もなかったら、人にすべてを知られることがなぜ怖いのか？」。

この言葉が、私生活の禁止を布告した世界的大革命のスローガンになるのだろうか……？。

ところであなたは、生活の隅々にまで干渉する監視を逃れたいと思ったら、ネットの接続を断てばいいと思うだろう。しかしそれは間違いである。接続していなくても、あなたは大審問官の目に見張られている。それはとくに監視カメラのおかげだ。スマートフォンは電源が入っていなくても、誰がどこにいるのかいつでもわかり、近くの携帯が誰のものかまでわかるのだが、それだけではない。人の移動と行き先で個人の身元を確認するカメラは、顔を認識するという新たな次元を迎えようとしている。安全の向上を旗印に監視カメラは激増し、最近は公共の場はおろか私的な場所まで包囲している。

ヨーロッパ一監視カメラの多い街ロンドンには三十万個が設置され、警察の計算によると、市民は一日に三百回も撮影されているという。このデジタルの目は徐々に「知能」を備え、車のナンバープレートが読み込めるようになったかと思えば、いまはデータベースを元に群衆のなかでも顔を識別できるようになっている。背中のシルエットからでも確認できるのだ！　いずれ大都会では、カメラに監視されずに散歩するのは不可能になるだろう。

人の上に超人的な目を置く構想は、フランスの哲学者ミシェル・フーコーが『監獄の誕生——監視と処罰』（邦訳は新潮社刊。一九七七年）で書いたのが始まりで、円形構造の監獄の中心部に配置された監視塔から、監視員が囚人に見られることなく監視できる仕組みが描かれているのだが、シリコンバレーの研究所ではすでに次の段階を目指している。知能カメラを積み込んだドローンを都会上空に飛ばすのだ！

「党は、人が言ったことや考えたことのすべて、どんな細かなことも裸にできたが、あなたの心の奥、あなたにさえわからない神秘的なものは不可侵である」

と、ジョージ・オーウェルは『一九八四年』に書いていたが、ビッグデータの恐ろしさはそれを超えてしまったところにある。コンピューターは私たちの内面に秘められた原動力となるものまで見抜き、行動に隠された意味まで暴きだすのである。

すべてはデータについてのデータ、メタデータのおかげで、一つの通信からあらゆることが情報になっている。日にち、時間、持続時間、場所……など、内容からはかけ離れたもので、諜報機関からは屑扱いされていたものである。なぜなら盗聴で抜き出したのは興味を引かれた言葉だけだったから。そんな中味のないデータの鉱脈を理解できるものにしたのがビッグデータである。隠れた潜在能力を引きだしたのだ。

アルゴリズムで細かく砕かれた形のメタデータは、メールやメッセージ、録音された会話の中味とは違う秘密を明らかにしている。銀行取引や、位置確認のデータ、遺伝子のDNA、選挙人のファイル、オンラインでビデオをレンタルする人など、名もない人生の削り屑でしかないデータの山が、いったん処理されると個人の身元がすべてわかるデータの積み重ねになるのである。

かつて人間がこれほど丸裸になり、追跡可能で、透明化されたことはなかっただろう。近い将来、私たちは何百万という個人情報を背負って生きることになるのである。しかも、人に言えないことも含むその情報は個人のものとして保存され、永久に消えない。

共産主義やファシズムの体制でいかに権力を持った独裁者といえども、国民一人ひとりについての情報をここまで入手することはできなかっただろう。グーグルのエリック・シュミットはこう予言した。

「これだけの有望で挑戦のしがいがある将来を考察すると、よりよい世界になるのが目に見える」

データをさらに精製するために、NSAは新しいテクニック「コンタクト・チェイニングcontact chaining」を完成したところである。携帯電話のメタデータから、接続の位置確認や時間、持続時間などをもとに、ユーザーの精神面でのプロファイルがわかり、その人の習慣や信念、宗教、民族まで推測できるというものだ。近い将来、この前代未聞のシステムが普及しないとは考えられない。そうして次には、各個人に関して価値ある資料が流通することが考えられる。それは各個人の私生活の情報を添えた一種の履歴書で、掘り下げた心理的分析はもちろん、仕事のキャリアを通してコンピューターをどのように使ったかを元にした仕事のやり方、知識、生産性、耐久力、その人と一緒に仕事をした人たちの意見などからなるものだ。

ビン・ラディンとその仲間の逮捕を大義に掲げたNSAは、強権を駆使してネット上に流通する映像を押収した。ビデオ会議、とくにスカイプでのやり取りに割り込み、五分ごとにスパイプログラムでアットランダムに抜き取った写真をふるい分けた。そこで使われたソフトは顔が認識できる精巧なもので、メールやテキストで送信された写真や、SNS上に添付された写真も同様に処理された。この回収で大きな部分を占めたのはセックスのからむ映像である。現在、このときにいったい何人の顔が盗まれ、分析に使われたかは、いまだ誰にもわからない。

「プライバシーを守ることはますます難しくなっている」

とエリック・シュミットはきっぱりと言う。そして

「その理由は、現在のように脅威がどこに潜むかわからない世界では、本当の匿名は危険すぎる。完全に匿名でやられると、どのテロリストがどのような恐ろしいことを企んでいるかを見つけるのは不可能だ」

と強調する。

テロとの闘いをコンセンサスに掲げ、ビッグデータ企業は諜報機関と手に手を携えて、つねに彼らの優位になるよう突っ走っている。より多くのメタデータを作り、日常生活を透明化すればするほど、ビッグデータ企業にお金が渡り、NSAはより権力を持つようになる。

現金での支払いはいずれできなくなるだろう。「現金は汚れたお金だ」、あるいは「テ

ロ活動に使われる」などの理由を駆使して、追跡の足かせになる現金の消滅を働きかけることなど、彼らにとっては朝飯前だろう。そうなれば、どの支払いも現金ではなくなり、各個人に関する日常の動きをあらわすデータは簡単に提供できることになる。その情報にお金を払う者がいれば、それが各個人の雇用主や妻、あるいは愛人に渡ることもあるだろう。ＮＳＡと密接に絡み合っている世界最大の投資ファンド二社、カーライルグループとブラックストーングループが、キャッシュレジスターと現金自動支払機の世界的リーダーＮＣＲを買収するために百億ドルを用意したのも偶然ではない。

しかし矛盾するようだが、完ぺきな監視体制でより安全だと言われているこの世界は、じつは、だんだんそうではなくなっている。地球上で、テロの恐れがある地域がこれほど拡大したことはかつてなかった。ＩＴ技術に重きを置く方法の濫用が、多くの場合、成果を上げていないことが明らかになっている。その点についてフランス国立学術研究センターの哲学研究者グレゴワール・シャマイユーが語る。

「二〇一三年六月、ＮＳＡの責任者は、電気通信の監視プログラムで「十二件のテロ計画」を未然に防いだと公式発表しました。ところが十月になって彼はその数字を訂正し、アメリカ本土でのテロは「十三件」だったとしたうえで、未然に防いだテロの数を下方修正して一件か二件だろうと認めたのです。結局は一件だけだったことがわかったのですが、詳細な交信記録を十年以上も集積した結果がこれです。その一件とは、サンディエゴの住人が一人、ソマリアの戦闘グループに八千五百ドルを送金したとのことで逮捕された件でした」（『リベラシオン』紙。二〇一五年四月十四日号）。

テロが起きるたびに、諜報機関は失敗の原因をテクニックがまだ足りないことと、法の規制にあると主張するが、言葉を変えれば、監視体制はまだ不十分ということだ。フランスでは、二〇一五年一月のシャルリー・エブド襲撃テロはさして驚かれず想定内の印象をもって受け止められた。

テロとの闘いでは、三年間で四億二千五百万ユーロがつぎ込まれ、内務省では千四百人の公務員が追加採用されている。諜報機関を利する法律が急遽可決されたが、なかでも重要なのはスパイソフトを使って携帯電話の近くからセンサーによる位置確認が合法化されたことだろう。インターネットの各オペレーターには「テロの脅威」を自動的に検出するアルゴリズムも配置された。二十年間で、フランスでは十六本のテロ関連法案が可決されている。

「現在、巨費を投じて無用の長物となりうるデジタル前線が築かれている」

と苛立ちを隠さないのはフランスのある諜報部員だ。

「本当の諜報システムとは全員ではなく、結果の出そうな人物を監視するところにある。

監視を自動化したところでテロには何の効果もない。ふるい分けには絶対的に人間の知能が必要だ」

いっぽう、この全世界浸透型の監視システムは政治・経済面では完ぺきに役割を果たしている。二〇一三年十月にドイツの有力週刊誌『シュピーゲル』が暴露したのは、NSAがメルケル首相の携帯電話にテロとは関係のない理由で興味を示していたことだった。首相のSNSのやり取りから、ユーロ危機において彼女にもっとも影響力を与えた影の相談役を割り出し、米政府が身元を確認させていたのである。

情報界では、アメリカを中心に構築された軍事目的の通信傍受システム「エシュロン」が吸い上げる情報の九十パーセントは、経済がらみの内通だと言われている。秘密情報を公開するサイト、ウィキリークスが明らかにしたところによると、フランスのここ最近の大統領、ジャック・シラクをはじめニコラ・サルコジ、フランソワ・オランドの電話が――安全装置がかかっていなかった！――NSAに盗聴されていた。それを知ったフランス側から激しい抗議の声が上がったのだが、しかし効果はなし。NSAがその立場を利用して、フランス側に政界の破廉恥な言動が筒抜けになっていたことを知らせると、あっという間に騒動は収まったのだった。

これだけの情報が集められれば、なかから望まれない異分子、たとえば体制への反対勢力などを検出し、無力化することもできるだろう。こうしてグーグルは二〇一五年、ウィキリークスのメンバー三人のGメールのユーザー名をアメリカ当局に渡していたことを認めている。

秘密情報を公開するのはウィキリークスだけではない。二〇〇八年十一月、イギリスの諜報機関GCHQ（政府通信本部）は複数の国のジャーナリストのメールを傍受、関係各所の情報機関すべてがインターネットで閲覧できるようにした。とくに重きが置かれたのは時事問題に関してのジャーナリストと編集長のやり取りだった（『ガーディアン』紙。二〇一五年一月十九日号）。メディアが真面目に仕事をしたときの危険性については、NSAの資料にもはっきりと明記されている。

スノーデンが回収したこのメモには、「メディアいかんにかかわらず、ジャーナリストあるいはリポーターは安全にとって潜在的な脅威である」と書かれている。とくに危険なのは「防衛問題を専門とするジャーナリスト」で、「公式、非公式にかかわらず、退官者に働きかけて、非公開となっている公式情報にアクセスしようとする」からだ。そして「このようなやり方は本当の脅威である」と断言している。フランス対外治安総局の元局長ジャン＝クロード・クーセランが認めるように、「諜報機関は民主主義を腐蝕させる可能性がある」（註4）ようだ。

さらに驚くべきは、私生活の終焉を説くネットの巨人たちが徹底して私生活を守り、他人の目を逃れていることだ。彼らが私たちに提供する鏡には、実際裏も表もないのだが。

「自分たちのことを隠しながら、他人のどんな些細な事実でも行動でも監視できる能力は、最強の権力の形である。それがグーグルやフェイスブックなどの企業の原動力の中心だ」

と、アメリカ・メリーランド大学の法律学教授フランク・パスカルは著書『ブラックボックス社会』（ハーバード大学出版部。二〇一五年）に書いている。彼が著書で告発しているのは、軍事や産業、商業的機密に保護されて、なかが窺い知れなくなっている「ブラックボックス」の存在だ。それについてはすでに著述家で映画作家のギィ・ドゥボール（一九三一―一九九四）も『スペクタクルの社会』（平凡社刊。一九九三年／ちくま学芸文庫。二〇〇三年）で触れていた。

「透明性について語れば語るほど、誰が何を指揮し、誰が誰を操作し、それがどんな目的のためなのか、ますますわからなくなる」

フランク・パスカルの著書を元に推測すると、ビッグデータ企業は諜報機関とともに、プラトンの『国家』第二巻にあるリディア王のようである。一介の羊飼いギュゲースが、人から姿が見えなくなる指輪を手に入れ、その力でリディア王になった物語で、ビッグデータ企業と諜報機関もまた「ギュゲースの指輪」を回収して王になったようである。

いっぽう、アップルとグーグルは、忠誠を誓ったジャーナリストだけには門戸を開いているのだが、彼らは不適切な記事を一行書いただけで楽園から追い出されるのを知っている。こうしてアメリカのサイトマガジン「セント」のリポーターは、エリック・シュミットの年収や住所、趣味、これまでの寄付行為などの情報を公開したことで、グーグルから一年以上もブラックリストに載せられてしまった。入手した情報は、皮肉なことに、グーグルで検索したおかげだった。

ビッグデータ企業にとって強迫観念になっているのは、これ以上一人もスノーデンを出してはならず、これ以上ブラックボックスを開けられてはならないということだ。人間はいまや弱点のある鎖だから、輪から引き抜かなければならない。代わりに、魂のない器械に全体を監視してもらったほうがよほどいい。なぜなら、諜報機関の中枢の中枢でも、良心の呵責からあらぬ行為に走る者はつねにいるからである。

事実、二〇一四年九月、ＮＳＡに匹敵するイスラエルのエリート集団「ユニット８２００」に属する四十三人の退役軍人が公開質問状を発表、そのなかで「何百万人ものパレスチナ人をコントロールするために」使われた方法を告発している。その点、自動的な監視ならどこをとっても完全だ。

オーウェルの『一九八四年』で描かれた独裁体制は、テクノロジー面では完全に時代遅れの体制である。

（註4）ジャン＝クロード・クーセランとフィリップ・エイエとの共著『民主主義に情報を与える 民主主義に即して情報を与える』（オディル・ジャコブ刊。二〇一五年）より。

7．モノのインターネット

「あなたのことについてなら指紋より、接続するモノを調べたほうがよくわかる」

フランス国立個人データ保護委員会副委員長
エリック・ペレス
二〇一四年十二月

それらは「つながっているモノ」と呼ばれている。日常生活でどこにでもあるようなモノ、たとえばライトや椅子、ゴミ箱、コーヒーメーカー、冷蔵庫などがモノ同士で対話をするのだ。会話の対象者はただ一人、私たち、人間である。デジタルでおしゃべりをする世界へようこそ！　というわけだ。センサーやICが急激に増加したおかげで、クレジットカードや交通パスも含めて、私たちはまわりから行動も何もかもすべて探られている。それらの情報は集積され、ビッグデータ企業に転送されている。私たちは現実のデジタル化が加速する真っただ中にいるのである。

グーグルによると、今後五年以内に、電気計器の半分は接続されるそうだ。一億千八百万個といわれる家庭用電気製品も例外ではない。そうして現在、全体で二百億個以上のつながっているモノが私たちのまわりを取り巻いている。二〇二〇年にはおそらく、その数は三百億個を超えるはずだ。私たちはつねに接続した状態におかれる時代に突入したようだ。デジタルが現実を呑み込んでいるところである。拡張するいっぽうこの世界はいずれ、まわりのものをすべて食い尽くすだろう。これまでは、デジタルの世界に入るには入口、架け橋が必要で、それがコンピューターであり、タブレットであり、携帯電話だった。それが不要になっている。

ビッグデータ企業は最後の接続不可能地域を減らそうと活発に動き回っている。こうしてグーグルは「ルーンプロジェクト」を発表、成層圏に一万千個のヘリウムガスの気球を打ち上げた。インターネットがまだ使えない四十億人が接続できるという壮大な計画だ。ウェブにまわりを包まれれば、私たちは接続する必要さえない。メディアで大々的に発表された拡張現実メガネ「グーグルグラス」や、アップルの接続された時計「アップルウォッチ」などを見ると、位置確認のできるスマートフォンは、これら「モノのインターネット（ＩｏＴ）」の前触れでしかなかったことがわかる。

こうして、モノが私たちの指一本、目配せ一つに従い、私たちの望みを推察する「素晴らしい世界」が約束されている。リビングルームのライトが一人で私たちの好みの色、たとえばブルーに光り、明るさも気分に合わせて調光してくれる。椅子は身長に高さを合わせ、私たちにストレスがたまっているのをセンサーが感じたら、背を傾けてくれる。そしてしばらくすると、本を読む速度が遅くなったことを電子書籍から警告されたコーヒーメーカーが、私たちが睡魔と闘っていると合図し、眠気覚ましにエスプレッソを提供する準備にかかる。

「こんな素晴らしい将来になる」とハイテクの王者たちは講演で熱く語り、それを真に受けたメディアは嬉々として伝えるのだが、なんのことはない、彼らは私たちの生活を楽にしてお金にしようとしているだけである。モノのインターネットが狙う目的はただ一つ。ビッグデータ企業の飽くなき欲望に応えてメタデータを作ることだ。古代中東の神で人身御供を強要したモレクのように、その食欲には限度がない。「つねにもっと！」はビッグデータ企業に固有の論理である。

積み重ねられたデータは、ごく一部の最高権力機関、諜報機関に無限に供給されることになる。私たちは何不足なく暮らしていると思っているが、じつは蜘蛛の巣にかかったハエのごとく、どんな動きも検出されて、位置確認され、分析されている。デジタル企業は、私たちの習慣から鉱石を抽出して高付加価値を付け、スポンサーに売っている。素晴らしい未来の約束はじつは、私たちを強制的に消費者にすることが目的だ。私たちはできるだけ速く、できるだけ簡単に、ほとんど何も考えず、反射的に買うように仕向けられている。業界用語で言うところの「ワンクリックでいますぐ買う」である。

世界最大のオンラインショップで、日々二百五十万個の商品を扱うアマゾンの技術者は、二〇一五年、洗濯機やプリンターの上に置いて、ボタンを押すだけでサイトから洗剤やインクカートリッジなどを注文できるケースを商品化した。時間の節約になると売り出された「ダッシュボタン」は次の段階を示すもの、モノが自分で注文する「人工知能モノ」の到来である。

こうしてビッグデータのおかげで、各ブランドは顧客を簡単に固定化できることになる。しかし、メタデータの中味でもっとも価値があるのは「転換率」、潜在的な消費者を顧客にする確率である。広告主が大金を払ってでも受けたいサービスだ。

では、なぜグーグルは車の開発を始めたのだろう？　この計画の意図に関しては、熱気あふれる報告が数多く出回っている。まずあげられるのは、運転者と同乗者についての情報収集で、運転の仕方から、好きなラジオ、行き先などすべてを知り、詳細な資料をターゲットのマーケットに供給することである。しかしそれだけではない。狙いの先にあるのは自動運転車、先に述べた転換率を向上させるためだ。二〇一一年にグーグルが申請した特許がその計画の一端である。

たとえば、あなたが街を歩いているとき、スマートフォンに宣伝が表示され、店舗まで送迎無料と銘打って、スポーツショップや旅行代理店、レストランなどの名前が出る。アルゴリズムはあなたの位置を計算して、店までかかる時間とルート、交通状態まで教えてくれる。それに興味を持ったら、いちばん近くにいるグーグルカーがあなたを迎えにきて、行きたい店まで連れていってくれるというサービスだ。

「ここで描く新しい未来では、迷うことは決してない。あなたの位置は一メートル単位、いずれは一センチ単位でわかるからだ」

とグーグルのエリック・シュミットは鼻高々だった。

もちろん、そのときアルゴリズムはリアルタイムで車の走行にかかる費用と、広告主が当て込む利益を念入りに比較、後者はそのデータを見て手数料を調整するという仕組みだ。これはすでに、携帯に入っているアプリ「フォースクエア Foursquare」が行っていることでもある。なぜならこのアプリはあなたの位置を確認し、あなたが好きな外出先を知っているからである。貴重な情報はいったん転売されたところで、各ブランドが常客におあつらえ向きの販売計画を立てるのに役立っている。そして最後が万全の安全運転だ。グーグルカーを運転させるアルゴリズムは睡眠を取らず、気晴らしの必要もなく、対向車のライトで目がくらむこともない。飲酒運転のリスクも、咄嗟の反応にかかる時間を過大評価することもないのである。

自動運転車が走り、街灯も歩道も監視装置になっている……そんな夢のような「人工知能」の街を建設する。これこそビッグデータ企業の野望の一つである。こうしてニースは二〇一三年五月、ヨーロッパではじめて人工知能付きの並木道を開設した。車道や街灯、ゴミ収集箱はセンサー付きで、交通量や空気の質、騒音、気温などをリアルタイムで分析する。ゴミ箱はいっぱいになると警告を発し、歩道の光度は渡る人数に合わせて調光される。街じゅうに設置された「人工知能」カメラは、二百メートルの距離で唇まで読むことができる。これら公共設備がワイファイでメインフレーム（大型コンピューター）に情報を与え、それで街が動くことになっている。

人工知能都市は電気とデジタル、データベースとコンピューターによって統治されているので、政治的には中立である。地方裁判所も一部器械に委ねられ、効率的な裁判が行われるはずだ。政治討議にうつつを抜かす市町村議会よりは効率的で、街はイデオロギーなしで自治管理できる。唯一の施政方針は、時間と空間の採算性。つまり、住んでいるのは市民ではなく消費者だから、購買力を最高にしなければならない。完全な商業世界である。

うまい具合に、人口はますます都市に集中し、二〇四〇年には世界人口の七十パーセントが都会に住むと言われている。ちなみに現在は四十パーセント以下。将来は巨大都市のあいだで、中心地に世界の超富裕層を呼び込むために、スマートシティ論争で競争になるはずだ。街が情報で管理されれば、地球人口はより多く都市周辺に集まり、ますます巨大化していくだろう。見通しでは、ビッグデータ企業にとっては夢のようなデータ鉱脈、まさにうま味のある市場ができることになる。

二〇一六年の試算では、「人工」の公共設備でデータシティにするには三百九十億ドルもの費用がかかるそうだ。この均一で透明で、摩擦のないエコシステムは無数に展開し、それもまた均一で、大人しいものになるだろう。ビッグデータ企業によると、デジタル化された場所は安心できる空間である。監視されているから安全で、サービスはお金になるからだ。そんな閉ざされた地区がいたるところで急増している。

「生命のないモノたちよ、おまえたちには魂があるのだろうか？」と、詩人で政治家のアルフォンス・ド・ラマルティーヌ（一七九〇―一八六九）は問いかけた。答えはイエス、監視の魂がある。モノのインターネットが行っているのは一種の宗教裁判である。おかげで子供たちは四六時中、両親に見張られている。フランスのファッションブランド、ジェモGémoはすでに子供用のGPS付きのコートを商品化している。同じようなランドセルもある。また、「つながっているモノ」は健康の分野にも進出している。マイクロソフトは接続できる電子体重計のあと、ウエアラブル（着用できる）という言葉を考案した。身につけたセンサーが歩数や摂取したカロリー、心拍数、血圧、睡眠の質まで永続的に計測してくれるのだ。

ハイテクの巨大企業はこの分野に殺到、今後二〇二〇年までに四百九十億ドルと算定される市場に成長している。フランスの人工知能ブレスレットのメーカー、ウィジングス（＊二〇一六年、ノキアに買収される）がスポンサーになった調査では、一日の平均歩数が増えれば血圧が下がることが確認されている。アルゴリズムでその相関関係がわかったのだ。

個人ごとのリスクが数字化されて喜ぶのは保険業界である。アメリカではすでに、一部の保険業者が被保険者にヘルスメーターを装備するように仕向け、BMI値（＊肥満度をあらわす指数。ボディ・マス・インデックス）がよければ特典がつくサービスを行っている。

その一つ、保険会社オスカーは二〇一四年十二月から、顧客全員に接続型ブレスレットを提供。独自に開発したアルゴリズムで各自が日常的に歩かなければならない最低歩数を確定し、被保険者が目標を達成するたびに一ドル獲得できるサービスを提供している。獲得金額が二十ドルになったら、被保険者はオスカーと企業パートナーのアマゾンで買い物ができるという仕組みだ。オスカーの創始者はアメリカの雑誌に「健康を維持してくれる顧客に特典を与えてもいいのではないだろうか？」と語っている。

こうして特典を提供する保険会社はますます増え、顧客のほうは「自分たちのことを考えて協力する」ことを受け入れている。なかには生命保険の契約時に、無料で提供する接続型ブレスレットを着けてくれれば十五パーセントまで割り引くというところもある。そのブレスレットは、たとえば顧客が保険会社公認のスポーツジムに何回通ったかなども記録するものだ。ちなみにある契約書では、毎月、契約に組み込まれている健康診断の結果に合わせて料金を調整するという項目もあり、それによるとコレステロール値や血圧の数値がいいと千ポイント、体調の変化もポイントに換算されるようになっている。

ここまでくると、この種のサービスが社会、国家単位で広がるまであと一歩。そのいい例がイギリスで、ウエストミンスター市と周辺地区では、住民がスマートフォンの公認するジムに何回通うかを条件に、住宅援助を行うことを考慮している。国家単位でも、シンクタンク「２０２０ヘルス」が考案した「健康活動パートナー」の納税者には減税するという案が浮かんでいる。イギリスが考案した接続型健康センサーで生存期間と生活の質を計測し、健康な生活を推進するというものだ。ちなみにこの計測数値は質調整生存年（QALY）と呼ばれ、完全な健康「一」から死亡「〇」までの数字で示される。そしてこの数値をもとに、薬価の高い薬を公金で還元するか、しないかが決められるという。アメリカの署名なベンチャー投資家フレッド・ウィルソンは、

「ビッグデータのテクノロジーは、財政の節約をはかる各国政府にとって最高の味方である」（註5）

と、嬉々として語っている。

こうして「人工知能モノ」は、健康問題は純粋に個人の問題という考えを浸透させ、不健康な国民は国家の医療費を押し上げるとして悪者扱いしている。グーグルやその一派にとっては絶好の機会、健康ビジネスに殴り込みをかけられるだけでなく、国家からの離脱にもはずみがつく。「つながっているモノ」たちのおかげで、シリコンバレーは連帯感を与える政治の要である、国の医療予算をゼロにすることができるのだ。

同様に、新自由主義の支持者たちにとってもまた、福祉国家は敵になる。オーストリアの哲学者で文明批評家のイヴァン・イリイチ（一九二六—二〇〇二）は生前、「技術はもはや人間と調和しておらず、奇怪な瘤のようになっている。人間にとってよ

いものどころか、結局は人に屈辱感を与え、隷属させて、ダメにしてしまうものである」

と語っていた。

そのいい例が、アメリカのあるベンチャー企業が発売した「パブロフ」という名のブレスレットだろう。これはスマートフォンと接続して、たとえばタバコや爪を噛む癖、夜型の生活を止めたいなどと設定すると、目標に達しない場合は電気ショックを与えるというものだ。もう一つ、「人工知能」イヤホンというものがあり、アプリによって、たとえば食べているときの顎の動きや音を分析し、食べる速度や摂取した量、消化したカロリーを推測する。設定カロリーを超えそうになると、イヤホンが警告をする……。

ここから見えるのは、ビッグデータ企業の言う自己への配慮は、古代ギリシャ人が理解していた自己への配慮とはまったく違うということだ。後者は健全で調和のとれた人生を送るために、信条として心身の均衡を求めたのに対し、前者は統計によって規定されたモデルに合わせて結果を管理している。

「人工知能モノ」の出現で、地球全体に、フランスの哲学者ミシェル・フーコーの恐れていた「規律の規格化」が強いられることになりそうだ。これは「人と行動をモデルに合わせる」ことである。規格に合わないのを恐れてか、罪悪感からか、各自が自分の検閲官になっている。これもまた、シリコンバレーの勝者たちが声高に叫ぶこととは真逆である。

「我われのおかげで、個人はますます自由になる！」

まわりのモノを「つながりのあるモノ」に変えたビッグデータ企業は今後、人間自身をもモノにするだろう。アメリカのあるベンチャー企業がすでにテストしているのは、皮膚にマイクロチップを埋め込んで、電子ロックを外したり、買い物の支払いをすることだ。二〇一五年、スウェーデンの複合オフィス、エピセンターでは、希望する社員二百五十人の手に、自己負担でマイクロチップを埋め込んでいる。いっぽうオンライン決算サービスの最大手ペイパルは、錠剤を飲み込むだけでパスワード代わりになるものを研究している。

また、アメリカの研究者が開発したのは肌に貼り付けるタトゥー型で、これは体温や心拍数、白血球の率や血圧を管理するものだそうだ。ここまでくると究極の自己疎外である。肌にビッグデータ企業のブランドを付けているのだから……。

（註5）テクニオン・フランス協会主催講演「ビッグデータの意味を考える」（既出）より。

8. 王者たちの夕食会

「国民の上に、彼らの信任を受けた巨大な権力ができあがり、それが一手に国民の幸せと将来の保障を引き受けている。その権力は絶対的で、きめ細やかに、定期的に将来を見通し、そして穏やかだ。もしその権力が、国民を成熟させることを目的としているのなら親権に近いと言えるのだが、しかし実際は逆で、子供時代に固定しておくことしか求めていない。[……] こうして日々、国民にとっては自由意志を示す必要も機会も減っていき、意図的な行動の範囲は最小限に抑えられて、いずれは自分自身の頭で考えなくなるまでになる」

フランスの政治思想家
アレクシ・ド・トクヴィル（一八〇五―一八五九）
『アメリカの民主政治』（一八四〇）より

二〇一一年二月十七日、そこには全員がそろっていた。ネット界の巨人十四人が、アメリカ大統領にホワイトハウスでの夕食会に招かれたのだ。その夜、バラク・オバマはある考えを温めていた。今度の選挙で再選されたら、グーグルのCEOエリック・シュミットを商務長官に指名するというものだ。アメリカのメディアが「王者たちの夕食会」と名づけて報道し、ホワイトハウスが写真共有サイト、フリッカーFlickrに二枚の写真を公開したこの夕食会は、ビッグデータ企業が権力を手にする転機と位置づけることができる。

二〇一二年の選挙でオバマが勝利したのは、レイド・ガーニという名前の情報科学者が入念に作成したプログラムと、シリコンバレーの各企業のおかげである。数か月間、五十人にのぼる情報科学者が「洞窟」と名づけられた秘密の選挙司令本部に閉じこもった。

彼らの仕事は、ネットユーザーのコメントをもとに、ウェブ上で集積した何十億というメタデータを処理して、民主党候補に投票しそうな有権者を見つけることだった。まだ態度未定の市民を選り分け、適切な演説で味方につける努力をしなければならなかった。各個人に合わせた戸別訪問は、それぞれの態度の違いを見極めて行われた。その五年前の選挙でもビッグデータのテクノロジーの助けを借り、個人メールで十二億ドルを集めたオバマは、共和党候補に万全の態勢で勝利していた。この方法は、二〇一二年のフランスの大統領選でフランソワ・オランドの選挙スタッフも取り入れ、オバマのウェブキャンペーンを真似て「フランス式洞窟」の指令本部を設置している。

一世紀以上も前から、選挙を闘う政治家は、世論調査を行う組織から提供される分析を元に、世論の期待に沿った選挙公約をかかげてきた。それがビッグデータを使うと、何十億のデータを処理し、そこから各個人の政治的プロフィルを抽出して、選挙公約への反応までわかるのだから、選挙は別次元の段階に入ったことになる。

回答者のサンプルが千単位の時代は終わった。現在は、各個人の政治信条の奥深くまで処理することが可能になっている。その代わり、オバマのように、態度未定者をターゲットにして投票に向かわせる作戦が結果を左右することになる。世界最大の民主国アメリカで選挙をしているのは誰あろう、メタデータの支配者たちなのだ。

では、グーグルは選挙をひっくり返せるのだろうか？

アメリカ科学アカデミーの機関誌（二〇一五年八月）を読むと、答えはイエス。二人のアメリカ人研究者が二〇一〇年のオーストラリアの総選挙で、首相候補二人のうちふさわしいと思う名前を打ち込むよう、二千百人のオーストラリア人を対象に三つのグループに分けて聞いた。検索エンジンは操作されており、三つのグループの最初のウェブページにはそれぞれ「好ましい」「好ましくない」「中立」の検索結果が表示された。

その結果、被験者の投票意向は検索エンジンのデータいかんで三十七パーセント変動した。これまでのメディアとは比べものにならないほどの影響力である。科学者たちが強調するように、ユーザーはネット上の情報を信頼して、検索エンジンの中立性を固く信じているのに対し、マスコミや、テレビのジャーナリストの発言を信用しない傾向が強くなっている。そして二人の研究者は結論として、投票結果に検索エンジンが影響を及ぼすことは民主主義体制にとって脅威であると締めている。

アメリカの民主党大統領が、データ処理をベースにした政治手法に率先して参入したということは、いかに民主社会がデジタルのコングロマリットに影響を受けているかのあらわれでもある。そうなると、音楽のストリーミング配信で世界最大手のスポティファイなどは、顧客が何をダウンロードするかで、アメリカが民主党寄りなのか共和党寄りなのかを断言できるのではないだろうか?

二〇一五年四月、大統領選での民主党の予備選挙に名乗りをあげたヒラリー・クリントンは、「デジタル時代における選挙人とSNSとの新しい関係」を想定し、グーグルで「市民改革と社会の波及効果」の担当プロダクトマネージャーだった敏腕女性ステファニー・ハノンを陣営に招き入れた。彼女の部下には優秀なデベロッパーとエンジニアの「軍団」がいた。任された仕事は、新しいアプリを考案して選挙人を動員し、活動家を増やして、選挙資金を集めることだった。結果は大成功。三か月で四千五百万ドルを集め、歴代候補の記録を大幅に上回った。ビッグデータは新しいアルゴリズムで選挙人の説得に成功しただけでなく、お金の収集にも成功したのだ。資金が高騰するいっぽうのアメリカの選挙戦では重要な助けになるものだ。ちなみに前々回の大統領選では、民主党は二十六億ドルの資金を集めていた。

政治とビッグデータ企業の関係は一方通行ではない。後者は見返りに「勝者」からの投資を期待し、いずれは文字通りの操り人形にできると考えている。政治家を言いなりにさせることにおいて、ビッグデータ企業は有効な手段を備えている。諜報機関と結託したことで、政治関係者の監視は確実に増加していた。ＮＳＡのアルゴリズムはＦＢＩが足元にも及ばないほど効率的に、彼らの秘密や破廉恥な言動を記録している。国家の一機関であるアメリカの諜報機関が、ビッグデータ企業とのハイブリッドで、これほど権力を持ったことはなかった。親をも裏切ることができるほどの力である。

ビッグデータの多国籍企業は、権力と野望から、選挙で選ぶ政府の正当性に異議を唱えている。彼らの視点では、政治家は古い権力の象徴で、完全に時代遅れ、どこにその必要性があるのか？　となる。なぜならビッグデータ企業は一般大衆の望みや期待をすべて知り、大衆が口に出す前に満足させられるほどなのだから。

その証拠が、有名な投資銀行モルガン・スタンレーの女性副頭取ルース・ポラットが、二〇一三年に米国務省長官補佐への就任要請を蹴り、その後グーグルの最高財務責任者になったことだろう。オバマ大統領がエリック・シュミットを商務長官にできなかったのと同じである。シリコンバレーの賭けはデータによる政府の樹立。効率の悪い政治討論から解放され、アルゴリズムのルールにのっとった法律に代えることにある。

グーグルの内部会議に参加した、米国副最高技術責任者のジェニファー・パルカは、政府はインターネットのように機能すべきだと熱く語っている。いっぽう、アメリカの哲学研究家で反シリコンバレーの論客、『すべてを解決するために、ここをクリック――常軌を逸脱するテクノロジーのソリューショニズム』（ＦＹＰ出版刊。二〇一四年）の著者でもあるエフゲニー・モロゾフは、データが権力を握り、政治は死んでしまったと告発する。

「この知能的な世界は、私たちの生活をより効率的にする以上に、興味深い政治の選択肢を提示してくれる。いわく、日常生活のこれだけ多くの要素がキャッチされ、分析されているのに、なぜ科学的な規律でのアプローチをしてはいけないのか？　センサーやフィードバックループ（＊フィードバックを繰り返すことで、結果が増幅されていくこと）

機能がある時代に、なぜ旧態依然の法律にすがるのか？　というものだ」。

そしてこう釘をさす。

「テクノロジーとは本当は私たちを助けるものではないだろうか？　この新しいタイプの政治体制はアルゴリズムによる規律だ。それはシリコンバレーに政治プログラムがある範囲内でということだが、そんなものはあるはずがない」。

原因を統治するには、複雑なことに向きあう勇気や想像力が必要なのだが、シリコンバレーにはそれがないものだから、結果を管理するというわけだ。

ビッグデータは政治を不要なものにしている。これは目に見えないクーデターで、狙いは、本質である民主主義を抜き取り、外側の枠組だけ残しておくことだ。残るはうわべだけの制度と、儀式として定期的に行われる選挙。市民権という言葉は死語になり、古代ギリシャの遺跡同然になるのである。アテネでは、市民は中心にいた。市民権の行使は日常的な活動で、それが人生にリズムをつけていた。イタリアの哲学者で、『中味のない人間』（邦訳は人文書院刊。二〇〇二年）の著者ジョルジョ・アガンベンは嘆く。「市民権はいまや法的身分か、選挙権の行使に限られ、その選挙はますます世論調査に近くなっている」（『ル・モンド・ディプロマティーク』紙。二〇一四年一月）。

西欧でよく見られる政治色を抜く動きはビッグデータ企業の得意とするところである。

市民を無力化し、データを生みだす消費者としてのみ扱うのがビッグデータ企業の夢である。

オバマ大統領が「我われにはインターネットがある」と高らかに宣言したその本音は、アメリカの力はデジタルの巨大企業に頼っているということだ。インターネットがアメリカにもたらしたのは、世界をリードする力を維持するだけでなく、それをさらに強めたことである。人間がインターネットに熱狂し、つねにより速く、より遠方へと送信するおかげで、巨大なネット網が張りめぐされ、現在、地球上で発信される情報すべてがキャッチされるようになっている。どんな征服戦争もここまでの結果を導くことはできなかっただろう。

いずれにしろアメリカは、これまでも力で領土を拡張しようとしたことはない。彼らにとって重要なのは征服ではなく、支配することなのである。米国の人口が減少しつつある現在——世界人口の五パーセント以下——、アメリカは旧大陸ヨーロッパより十五年先んじて「地球空間の情報圏」に賭けている。デジタル時代に順応して、政治権力を巨大ハイテク企業（グーグル、アマゾン、フェイスブック、アップル）にうまく移行した。ハイブリッド体制で、アメリカは新しい集合体を生みだしているところである。そこでは国家とデジタルの超オリガーキー（超寡頭体制）の利益がひと塊になっている。

ネット経済はグローバル化ならではの面もある。国境はないに等しいので邪魔にもならず、政治に期待するのはただ一つ、税金面で優遇措置のある国で自由に事業を展開させてくれることだ。ちなみに二〇一四年度、フランスで推定二億六千六百万ユーロの利益をあげたフェイスブックがフランス税務当局に払ったのはわずか三十一万九千百六十七ユーロ、しかるべき税額のなんと一〇九分の一だ（ＢＦＭビジネステレビより。二〇一五年一月二十一日）。

この企業は節税にかけてはプロ中のプロになっている。フランスのユーザーをターゲットにした広告収入の受け口として、フェイスブックは事業の課税率が三分の一の国アイルランドにわざわざ子会社を創設した。ハイテク企業の多くは同じことをしている。アイルランドの隠れた利点はもう一つ、国内に設置された多国籍企業の子会社が、国外のいわゆるタックスヘイブン（租税回避地）に住居を定めるのを許可していることだ。たとえば、アップルはイギリス領ヴァージン諸島といった具合である。

欧州連合の圧力で、アイルランドはこの優遇措置を終えることにはしたが、しかし、その法律が施行するのは二〇二〇年、それまでは法的には適正な状況である。この動きの発端となったのが二〇一五年、欧州委員会がアップルとアマゾンに対し、アイルランドとルクセンブルクでの両社の税優遇は不法であると断言したことだ。これを受けてアマゾンは、フランスでの収入をルクセンブルクで申告するのを止めている。ちなみに同社のCEOジェフ・ベゾスは二〇一六年度の個人資産四百五十二億ドルで、世界長者番付の五位に顔を出している。このことから理解できるのが、ビッグデータ企業がなぜ税金のかからない「海上自治国家」計画に熱を上げているかだろう。金銭的利害を共にする個人が寄り集まる小島群構想である。

二〇一五年の第1四半期で、アップルは百八十億ドルの経常利益を計上、それまでの世界記録を破った。現金としての内部留保もまた記録を破り、二千百六十億ドルにのぼっている。この資金は、経常利益とともに米国外のタックスへイブンで申告され、この抜け道はアメリカの税務当局の同意で行われている。そして、アップルのやり方に納税者の反発が予想されると、連邦議会はCEOのティム・クックを召喚して公聴会を開くのだが、おおむね茶番に終わるのがオチである。CEOをやり込める前に、議員たちが有頂天になってしまうのだ。「私はアップルが好きです、大好きです」と女性議員が言えば、ほかの議員も口々にアップルを「称賛」するのである。

「アメリカの企業公聴会は本当にシュールで、各企業の歴史からみても異常な瞬間です」(『オプセルヴァトワール』誌。二〇一五年四月二十三日号)

と歴史家で、アメリカのハイテク産業の専門家でもあるマーガレット・オマラも語っている。二〇一五年初頭、欧州連合がグーグルに対して独占権の濫用と、フェイスブックに対してユーザーの私生活への乱入を非難したときは、オバマ大統領が議論に参入し、「ヨーロッパのグーグルとフェイスブック叩きを見ていると、プライバシーの保護は口実で、本当は商業的な理由から両社を妨害したいだけである」

と述べている。

スタンフォード大学の社会科学者で、『デジタルのユートピアの原点を求めて――反文化からサーバー文化まで』（C＆F出版刊。二〇一三年）の著者フレッド・ターナーによると、

「ビッグデータ企業は厳しい規制を望んでいない。なぜなら政府よりいい規則を作ることができる特別の人種だからである。同じく、外部から倫理的な規則を強制されるのも望まない。なぜならやはり倫理的な判断では上をいくからである」。

彼らの深層心理にあるイデオロギーは新自由主義だ。極限までの市場原理主義であり、規制なしですべてを買い、すべてを売ることである。向かう道、敵なしだ。なぜなら、世界で唯一イデオロギー的に対立する共産主義は、非効率と自由の破壊という怪物を生み落とし、自滅しているからだ。彼らの飽くなき欲望は情報を集めることで、それ自体が目的になっている。

二〇一四年現在、世界の大富豪六十二人が、残りの世界人口の半分、約三十五億人分の富を所有しており（註6）、そのトップにいるのが、資産七百九十億ドルのビル・ゲイツである。フェイスブックのマーク・ザッカーバーグは、二〇一五年に世界長者番付の二十位以内に入り、同年、番付入りした最年少の長者は二十四歳のエヴァン・シュピーゲル。スマートフォン向けの写真共有アプリ「スナップチャットSnapchat」の創設者だ。また、二〇一五年七月十八日、グーグルの共同創業者ラリー・ペイジとセルゲイ・ブリンの二人は、株価の上昇により一日で四十億ドルも稼いでいる。

それを尻目に、推定個人資産百億ドル以上と言われるグーグルの会長エリック・シュミットは、アメリカのハイテク関連ベンチャー企業が「経済の不平等問題を解決する」と豪語。グーグルが開発して支援したテクノロジー計画で、アフリカの教育を向上させ、糖尿病患者を救ってきた……とあちこちで話している。

「これらの企業が、税制や競合、プライバシーの保護で法の限界を訴えることができるのは、政権上層部と結びついているからだ」

と語るのは先のフランク・パスカルである。

「シリコンバレーと、ニューヨークの金融界上層部、そしてワシントンの軍の情報トップは、ますます一体化してひと塊になっている」（『フラックボックス社会』ハーバード大

筑摩書房 新刊案内

●2017. 3

●ご注文・お問合せ
筑摩書房サービスセンター
さいたま市北区櫛引町 2-604
☎048(651)0053　〒331-8507

この広告の表示価格はすべて定価(本体価格＋税)です。　http://www.chikumashobo.co.jp/

小玉武

開高健

――生きた、書いた、ぶつかった！

行動的な作家だった開高健はジャンルを超えた優れた作品を著すだけでなく、企業文化のプロデューサーとしても活躍した。長年の交流をもとに、その素顔に迫る。

81844-7　四六判（3月下旬刊）**予価2500円＋税**

絵・柳原良平

藤田直哉

新世紀ゾンビ論

――ゾンビとは、あなたであり、わたしである

いま、このときも増殖し続けるゾンビキャラ。それは、トランプ時代の予兆にして人類解放の徴《しるし》。その可能性の中心を説く、まったく新しいゾンビ論の誕生！

84313-5　四六判（3月下旬刊）**予価1800円＋税**

伊藤朱里

稽古とプラリネ

加藤千恵氏推薦!!　太宰治賞受賞第一作

お稽古事教室の取材に励むライター南とその親友の愛莉、三十路を目前に彼女らが迎える人生の転機。新鋭が問いかける、等身大の女性の友情の今のかたち。待望の書き下ろし。80468-6　四六判（3月下旬刊）**予価1700円＋税**

価格は定価(本体価格＋税)です。6桁の数字はJANコードです。頭に978-4-480をつけてご利用下さい。

3月の新刊 ●10日発売

ちくま文庫

自由な自分になる本 増補版
服部みれい ●SELF CLEANING BOOK2

何があっても大丈夫な自分へ!

呼吸法、食べもの、冷えとり、数秘術、前世療法などで、からだもこころも魂も自由になる。文庫化にあたり一章分書き下ろしを追加。（川島小鳥）

43430-2
780円+税

ブコウスキーの酔いどれ紀行
チャールズ・ブコウスキー 中川五郎 訳

鬼才作家のヨーロッパぐだぐだ旅日記

泥酔、喧嘩、二日酔い。酔いどれエピソードと嘆き節がぶつかり合う、伝説的カルト作家による笑いと涙の紀行エッセイ。（佐渡島庸平）

43435-7
840円+税

その他の外国語 エトセトラ
黒田龍之助

英語、独語などメジャーな言語ではないけれど、世界のどこかで使われている外国語。それにまつわる面白いけど役に立たないエッセイ集。（菊池良生）

43402-9
880円+税

文明開化 灯台一直線!
土橋章宏

明治維新直後の日本に洋式灯台を建てよ! 超難題に立ち向かう男たちを描く。『超高速! 参勤交代』作者の最新文庫、爽快歴史エンタメ!（不動まゆう）

43434-0
680円+税

ウルトラ怪獣幻画館
実相寺昭雄

ジャミラ、ガヴァドン、メトロン星人など、ウルトラマンシリーズで人気怪獣を送り出した実相寺監督が書き残した怪獣画集。オールカラー。（樋口尚文）

43436-4
900円+税

価格は定価（本体価格＋税）です。6桁の数字はJANコードです。頭に978-4-480をつけてご利用下さい。
内容紹介の末尾のカッコ内は解説者です。

好評の既刊

＊印は2月の新刊

ぼくの東京全集
小沢信男
小説、紀行文、エッセイ、俳句……作家は、その町を一途に書いてきた。『東京骨灰紀行』等65年間の作品から選んだ集大成の一冊。（池内紀）
43407-4 1300円＋税

悪党どものお楽しみ
パーシヴァル・ワイルド　巴妙子 訳
足を洗った賭博師がその経験を生かし探偵として大活躍、いかさま師たちの巧妙なトリックを次々と暴く。エラリー・クイーン絶賛の痛快連作。（森英俊）
43429-6 900円＋税

教科書で読む名作 伊豆の踊子・禽獣ほか
川端康成
表題作のほか、油・末期の眼・哀愁・しぐれなどを収録。高校国語教科書に準じた傍注や図版付き。併せて読みたい三島由紀夫の名評論も収めた。
43416-6 680円＋税

教科書で読む名作 セメント樽の中の手紙ほか プロレタリア文学
葉山嘉樹ほか
表題作のほか、二銭銅貨（黒島伝治）／蟹工船（小林多喜二）など収録。高校国語教科書に準じた傍注や図版付き。併せて読みたい名対談も収めた。
43417-3 740円＋税

論語
齋藤孝 訳　大古典の現代語訳。原文と書き下ろし分も併録
43386-2 950円＋税

ぽんこつ
阿川弘之　自動車解体業の青年とお嬢様の痛快ラブストーリー
43389-3 900円＋税

増補 へんな毒 すごい毒
田中真知　動植物から人工毒まで。毒の世界を網羅する
43394-7 840円＋税

人間なき復興
山下祐介／市村高志／佐藤彰彦　●原発避難と国民の「不理解」をめぐって 当事者の凄惨な体験を描く
43400-5 1200円＋税

贅沢貧乏のお洒落帖
森茉莉　早川茉莉 編　鷗外好みの帯に船来の子供服。解説・黒柳徹子
43404-3 780円＋税

仁義なきキリスト教史
架神恭介　世界最大の宗教の歴史がやくざ抗争史として甦える！
43403-6 880円＋税

青春怪談
獅子文六　昭和の傑作ロマンティック・コメディ、遂に復刊！
43408-1 880円＋税

聞書き 遊廓成駒屋
神崎宣武　名古屋・中村遊郭の制度、そこに生きた人々を描く
43398-5 840円＋税

＊**マウンティング女子の世界** ●女は笑顔で殴りあう
瀧波ユカリ／犬山紙子　やめられない「私の方が上ですけど？」
43431-9 700円＋税

＊**消えたい** ●虐待された人の生き方から知る心の幸せ
高橋和巳　人間の幸せに、本当に必要なものは何なのだろうか？
43432-6 780円＋税

価格は定価（本体価格＋税）です。6桁の数字はJANコードです。頭に978-4-480をつけてご利用下さい。

3月の新刊　●10日発売　**ちくま学芸文庫**

頼山陽とその時代 上
中村真一郎

江戸後期の歴史家・詩人頼山陽の生涯は、病による異変とともに始まった――。山陽や彼と交流のあった人々を活写し、漢詩文の魅力を伝える傑作評伝。

09778-1
1500円＋税

頼山陽とその時代 下
中村真一郎

江戸の学者や山陽の弟子たちを眺めた後、畢生の書『日本外史』をはじめ、山陽の学藝を論じて大著は幕を閉じる。芸術選奨文部大臣賞受賞。（揖斐高）

09779-8
1700円＋税

組織の限界
ケネス・J・アロー　村上泰亮 訳

現実の経済において、個人より重要な役割を果たす組織。その経済学的分析はいかに可能か。ノーベル賞経済学者による不朽の組織論講義！（坂井豊貴）

09776-7
1000円＋税

北欧の神話
山室静

キリスト教流入以前のヨーロッパ世界を鮮やかに語り伝える北欧神話。神々と巨人たちとが織りなす壮大な物語をやさしく説き明かす最良のガイド。

09793-4
1000円＋税

増補 十字軍の思想
山内進

欧米社会にいまなお色濃く影を落とす「十字軍」の思想。彼らを聖なる戦争へと駆り立てるものとは？その歴史を辿り、キリスト教世界の深層に迫る。

09784-2
1000円＋税

カント入門講義
冨田恭彦　■超越論的観念論のロジック

人間には予めものの見方の枠組がセットされている――平明な筆致でも知られる著者が、カント哲学の本質を一から説き、哲学史的な影響を一望する。

09788-0
1200円＋税

価格は定価（本体価格＋税）です。6桁の数字はJANコードです。頭に978-4-480をつけてご利用下さい。
内容紹介の末尾のカッコ内は解説者です。

学出版部刊。二〇一五年）。

この三つ頭の怪物は、完全に不平等で、完全に監視する未来を秘かに準備しながら、それをおくびにも出さず、きわめて友好的な顔だけを表にしている。しかもその怪物体はいまやアメリカの力そのものになっているのである。

ビル・ゲイツやスティーブ・ジョブス、ラリー・ペイジ、さらにマーク・ザッカーバーグらは、パイオニアとしての自らの物語を語る「ストーリーテーリング」で名を広めた。彼らにとっては資金があれば何をしてもいいことになっている。まさにオバマ大統領の「イエス・ウィ・キャン」だ。そして、どの分野であろうと悪いことは見ようとない。まさにグーグルのスローガン、「悪意を抱かない」……である。

（註6）Oxfamより。二〇一四年。二〇一六年には、大富豪六人で世界人口の半分の富を所有していると発表された。

9. グーグルに殺される

「彼らの関心を一度勝ち取るだけで、我われは彼らの心も精神も征服できると期待していいだろう」

グーグル会長　エリック・シュミット

二〇一一年六月

ロスアルトス市は、カリフォルニアでもっともリッチな街の一つである。グーグル本社のあるマウンテンビューの近く、大木セコイヤとあんずの木が植えられた広い並木道のあるこの住宅都市には、ネットに接続できない学校が一校ある。ここの生徒の四分の三の親は、ヒューレット・パッカードやアップル、ヤフー、グーグルで働いている。シリコンバレーの中心地にある、ウォルドルフ・スクール・オブ・ザ・ペニンシュラ校に通う子供たちは、中学三年になるまでスマートフォンやタブレット、コンピューターに触るのを禁止されている。デジタル産業の最先端で働く大人たちは、自分たちの子供をほかの子供たちには準備している世界から守ろうと気を配っている。

そのいい例が、ツイッターの共同創業者エヴァン・ウィリアムズで、彼は自分の子供たちにアイパッドの代わりに、何百冊という紙の書籍を買い与えている。同じくアップルの故スティーブ・ジョブズも、家族での夕食の席ではアイフォンやアイパッドを厳しく禁止していた。

「スティーブは毎晩、台所の大きなテーブルで家族全員で夕食を取ることを心がけ、そのときに本や歴史など、いろいろなことを話していました。アイパッドやパソコンを出す者は誰もいません。子供たちはそういう器械に依存しているようにはまったく見えませんでした」

と、ジョブズの伝記作家が『ニューヨーク・タイムズ』紙（二〇一四年九月十日号）で語っている。

最近では、小児精神医学者や小児科医、心理学者、教師、発音矯正師が集まって共同記者会見を開き、子供たちをタブレットの類いから「遠ざける」よう要請している。彼らの説明によると、ネットに接続している子供と、そうではない子供を比較した結果、一連の有害な影響のあることが明らかになっている。そこで列挙されたのは、「注意力散漫」、「言葉の遅れ」、「原因と結果の関係と、初期の時間の概念構築の妨げ」、「運動機能発達の遅れ」、「社会への不適合」などである（『ル・モンド』紙。二〇一五年九月十六日号）。科学的な研究では、画面に長時間さらされると、認識機能の発達に重大な悪影響を引き起こすことが、フランス国立衛生医学研究所の神経科学研究長、ミシェル・デミュルゲによって確認されている。

研究者がこれだけ警告を発しているにもかかわらず、アップルの発展に命を賭けたスティーブ・ジョブズは、亡くなる少し前、小学生にアイパッドで本を読ませるため学校に圧力をかけるよう、マーケティングのスタッフに発破をかけていた。目的は、学校を市場征服の踏台として利用し、生徒たちに将来の購買者になってもらうことである。学校側を説得するために、アップルが競合相手に対抗して取った手は、アイパッドに新しいコンテンツを加えるごとにユーザー名を再入力する厳しい使用条件を緩和することだった。

電子書籍市場は夢のような金脈で、タブレットを売ったあともお金が入ってくる仕組みになっている。世界じゅうに一億七千万個のアイパッドを売りさばいたアップルは、書籍がダウンロードされるたびに利益の上前を吸い上げるので、確実にぬれ手で粟の利益が得られる市場である。その上、読書時間までお金になる。実際、電子書籍にはあなたの読書習慣を探るスパイソフトがいっぱい入っている。

こうして二〇一四年十二月、この分野では世界的リーダーで、フランスの総合大型書店フナックと提携するカナダのメーカー「コボ Kobo」は、ユーザー二千百万人のデータをベースに分析した結果を発表した。それによると、フランスの人気作家エリック・ゼムールの最新電子書籍を購入した読者で最後まで読み切ったのはわずか七・三パーセント、当時大ベストセラーだったオランド大統領の元パートナー、ヴァレリー・トリールヴァイレールの告発本では、三分の一が最後まで読まずに止めたことがわかった。

本の選択や読書傾向などについて、ビッグデータ企業は貴重な情報を回収し、次いでそれを出版社や広告業界に転売している。消費者のターゲットを絞りやすくするサービスだ。ちなみにフランスでは、電子書籍を専門とする大手サイトが二つ、読書データの集積で自己資金をまかなっている。その一つ Youboox は、アクセスすれば読者のプロファイルがわかる特別サイトを各出版社に提供している。

電子書籍では本をデジタル化するだけではなく、さまざまなテキストを追加して書籍を「強化」し、中味を「豊か」にして、読書体験を「ダイナミック」にしている。ネットワークとつながって、読書中に音声やビデオ、注釈などがあらわれるのだ。ここでのビッグデータの目的は一つ。「収穫」をもたらす接続時間を長くすることである。その点、紙の本は読者に手が届かず、データが回収できなければ、商品として何のメリットもない。

「電子書籍業界の最後の望みは、読者にできるだけ時間をかけて、のろのろと読ませることだ。娯楽の方向に持っていくことに経済的なうま味があるのである」

と告発するのは、アメリカのエッセイストで、『ネット・バカ』（邦訳は青土社刊。二〇一〇年）の著者ニコラス・G・カーだ。

電子書籍の読者は接続し続けるのがつねで、本に集中しているかと思えば、途中で衝動的に違うテーマに飛んでいく。狂ったように花の蜜をあさるミツバチのようだ。思考経路はメタメタになり、深く考えようとすると脳が麻痺して動かない。

「つねに絶えず接続しては分離し、統一性のない情報が重なり合い、途中でメッセージが割り込む画面ばかり見ていると、考え方だけでなく、感じ方も深い部分で変わる危険がある」（註7）

と、哲学者ロジェ＝ポル・ドロワは警告する。

最近わかったのは、電子書籍と紙の本では読むときに使う脳の部分が違うということだ。電子書籍は私たちの思考経路にも深く働きかけるという証拠である。電子書籍の読者はメッセージを受け取る力が弱く、その影響で理解力も弱いことがわかっている。

カナダのアルバータ大学の研究者が興味深い実験を行っている。二つのグループに同じ中編小説を読ませたところ、電子書籍の読者の七十五パーセントは物語の筋を追うのが難しかったと答えたのに対し、紙の本では十パーセントだった。カリフォルニア大学の心理学教授で、発達心理学の専門家パトリシア・グリーンフィールドは、インターネットの使用が増えると

「深い知識を身につける能力が弱まり、論理的に分析することができなくなって、批判的な精神や想像力がなくなり、深く考えることもできなくなる」（註8）

と断言する。

心配する科学者は一人だけではない。

「現在のデジタル技術の急激な発展は、私たちの生き方や通信方法を変えるだけでなく、脳にも急速に、深く悪影響を与える」（『サイエンス』誌。二〇〇九年一月二日号）

と警告するのは、同じくカリフォルニア大学の精神科教授ゲーリー・スモールだ。一つのテクノロジーが、これほど短期間に私たちの知覚機能を激変させたことはかつてなかったことである。

ビッグデータ企業にとって嬉しいのは、人間の脳はつねに刺激に飢え、かっこうの餌食になるということだ。旧石器時代、注意を四方八方に張りめぐらすのは生き残りの条件だった。どこかから音がすれば危険と察知し、逃げることができた。あちこちに注意

を向けていることで、どんな小さな音でも、なじみのない匂いや、変な動きからでも危険をキャッチすることができた。

たった一つのことに長時間集中して注意力を向けていると、それが致命的になることもある。「見えないゴリラ」という有名な実験では、脳が一点にのみ集中すると、まわりがいかに見えなくなるかを示している。この実験で科学者たちは、バスケットの試合をビデオで見せ、白い服の選手たちがボールを何回パスするか正確に数えるよう視聴者に言った。すると実験に参加した者の半分は、ゴリラに変装した選手が試合中に胸を叩きながらコートを横切るのに気づいていなかった。

ネットの誘惑に負けて絶えず気晴らしをしていると、脳はそれを繰り返し要求するようになる。食品業界があの手この手で私たちの欲求をくすぐり、身体に悪い脂肪分や糖分、塩分の多い食品を買わせるのと同じで、デジタル業界も私たちの脳の嗜好を利用して、がむしゃらに情報をつっつかせている。携帯電話に連続して送られてくる通知は人工的な刺激で、人をコントロール不能状態に陥らせ、一種のデジタル型催眠状態にさせる。注意力は散漫になり、パズルのピースのように散らばっていく。私たちは集中力や、熟考する力を失ってしまうのだ。

「私たちはいまさら後戻りして、デジタル以前の時代に戻ることはできません。しかし、この急激な変化で人間が『認知レパートリー』を失うかどうかの瀬戸際にいることを理解せずに前へ進んでは絶対にいけません」（註9）

と不安を語るのは、マサチューセッツ州タフツ大学の発達心理学教授マリアンヌ・ウルフである。本を深く読む読者が徐々に減っている。プルーストやトルストイを何度も再読することは自分自身との闘いになり、軽い情報に慣れた脳にとっては辛い訓練となるからだ。しかしそれでも、

「ＳＮＳや、絶えず流れてくる大量の情報の外にある紙の本は、おそらく最後の抵抗の場になる」

と断言するのはジャーナリストでエッセイストのセドリック・ビアジーニだ。ビッグデータの世界を批判する本ではもっとも優れているとされる『デジタル帝国――インターネットと新しいテクノロジーはどのように私たちの生活を植民地化したか』（レシャッペ刊。二〇一二年）の著者である。

「始めと終わりがある紙の本は、かつてないほど静かな空間を与えるものになり、速さを崇拝する流れを食い止め、カオスのなかで一貫性を維持させてくれる」

とエッセイストは語っている。

人はもう言葉の深い意味を探ろうとせず、表面に留まって、その上でとび跳ねている

ように見える。ウェブは現実を単純化する器械になり、言葉までそうなってしまった。もっともわかりやすいのは、小鳥のさえずりを意味する「ツイッター」で、考えを最大百四十文字に圧縮させている。現在、小学校を出た段階で、ネットばかり見ている生徒はわずか五百個の語彙で格闘しているそうだ。

ビッグデータ企業は、言語の貧困化に貢献し、意味の多様性を削除して、私たちが世界を見る視点を単純化、標準化しているのである。批判精神を抑制させることで、同時に、システムを疑問視することも抑制させている。

接続から離れた熟考の場として、批判精神を育む抵抗の場でもあった学校も、歩調を共にしている。フランスでは教育相のナジャト・ヴァロー＝ベルカセムが自ら掲げた「デジタル教育のためにタブレットを」計画に前のめりで突き進んでいる。予定では、中学二年の全クラスの生徒に装備させるそうだ。このデジタル推進計画の目的は、フランスを「ＩＴ教育のリーダーにする」ことで、三年間で十億ユーロがつぎ込まれることになっている。これに対して教師側は、生徒の注意を再び引きつけられると期待して、あまり異議を唱えていない。

現在の生徒は、ネットやビデオゲームから受ける刺激のほうが面白く、学ぶ場として欠かせない学校に長くいるのが耐えられなくなっている。フランス人哲学者で、『アルゴリズム的生活』（レシャッペ刊。二〇一五年）の著者でもあるエリック・サダンが言うように、教育でもっとも重要なことは「健全な間隔の形」を助成すること、まさに、紙に印刷された本が与える間隔である。

「本は形として閉ざされているが、しかし、知識でも、想像の世界でも、あらゆる体験ができる開かれたものだ。距離を置いた他者性に身を置くことで、熟考と知識の成熟に欠かせない、集中力を呼び起こすことになる」

とサダンは語る。彼はさらに

「政府は、デジタル産業のロビー活動にしてやられ、増大するいっぽうの圧力に屈している」

と苦言を呈している。

こうしてデジタル企業の次の段階は、デジタルで教育を支配することである。これまでの伝統的な学校はいまや、インターネットで誰でも無料で受講できる大規模な講義「ムーク」と競合状態になっている。いっ時に数百万人の生徒を集めるオンライン上の講義では、講師も人間ではなくデジタル画面だ。こうして、創造性と知的な対立の元となる人間性が、知識の詰め込みと自動的な管理に取って代わっている。学校が形成するのはもはや市民ではなく、デジタル経済に合わせていいように最適化された各個人、うまくいっても口うるさい消費者になるのがおちだろう。

歴史学者で、フランス最高の教育機関コレージュ・ド・フランス教授マルク・フュマロリの表現を借りれば、「人類を実利的で操作可能な世界に閉じこめる」（『ル・フィガロ』紙。二〇一五年三月三十一日号）。これがビッグデータ企業の目論みである。時間を瞬時に使って、それを次々と消費に当てるだけの世界である。人間はこれまでつねに過去、現在、未来によって違う体験をしようとしてきた。ところがしかし、いまの時代の「現在」はまったく違っている。歴史家で、古代ギリシャの専門家フランソワ・アルトーグは、そんないまの時代を表して独自に「現在主義」と名づけている。

「現在主義とは、自分の視界に置きたいのは現在で、現在だけでまかないたいという考え方のことである。その意味で、この現在は同時に過去であり、自分の欲する未来でもある。また特徴的なのは、この現在は永遠の現在、いやむしろ永続する現在と言ったほうがいいだろう」（註10）。

この現在に閉じこめられた状態で、唯一目に入るのは、瞬間。何もないのと同じである。ニーチェによると、

「瞬間。それはそこにあったが、パッとどこかへ去り、前にあるのは無、あとに続くのも無」

である。これは連続する時間が消えたことである。

いっぽう、ウェブ上では始めもなければ終わりもない。ビッグデータは、古代ギリシャの歴史家で、「歴史の父」と呼ばれるヘロトドスを抹殺してしまったのだ。二千五百年前、最初の歴史書『歴史』を書いたヘロトドスは、事件をただ羅列するのではなく、先の哲学者ロジェ＝ポル・ドロワが強調するように、「結果として目の前で起きている事件を生んだ元となる歴史をさかのぼる」ことを心がけた。

ヘロトドスが植えつけた思想は、物事の連続性である。私たち人間は同じ鎖を構成する一部をなし、前の世代から受け継ぎ、あとに続く人たちへと手渡していく責任があるということだ。未来世代への連帯感の消失は、気候変動に直面する人類にとって大きな代償となる恐れがある。

年表を消し、歴史の目印を抹消したいま、私たちは出来事を時系列でとらえることができず、混乱状態に陥っている。時間の持つ深みを奪われて、すべてが同等で、同じ価値を持つ、平らな世界に生きている。それに対して、学校側も有効な対応策を取れずにいる。なぜなら、歴史を年表に沿って教えるやり方から、テーマ別に紹介するやり方に変わったからである。

歴史が軽く見られるようになっただけでなく、物を語るという考えさえ崩壊している。

ビッグデータはホメロスをも抹殺した。古代ギリシャの詩人ホメロスは、西欧文明の基礎ともいえる『イーリアス』『オデュッセイア』を書き上げた。市民を養成し、個人と共同体を構築するための訓練を主眼にした普遍的な本は、人生の学校である。ウェブという無限で流動的な空間では、時間の概念には意味がない。そこでは物語が展開することはなく、断片を浮かれたようについばんでいるだけなのである。

人間は時間だけでなく、空間でも途方に暮れている。

メールを送信するときは、相手がどこにいるかなど気にしない。大事なのは、連絡を取れるかどうかだけ。いまやGPSがあれば、どこにいて、どこへ向かい、どうしたらいいかを教えてもらえる。そうして毎月、十億人がグーグルマップに頼りきっている。いまどこにいるかわからず、GPSに案内されるまま目的地に着いた経験が一度もない人はいるだろうか？　私たちは自分で道をたどり、目的地まで行く面倒をビッグデータ企業に委ねてしまった。

一部の仕事を下請けに任せることで、私たちの脳は学んだことを忘れていく。記憶も方向感覚と同じで、ますます外注に頼っている。ロンドンのタクシー運転手は、免許を取得するのに街の地図を、通りの名前も含めて全部暗記することが義務づけられているのだが、彼らの脳をMRIで調べたある有名な研究によると、記憶と方向感覚を司る脳の海馬部分が肥大化しているのがわかった。このことから、度を越えてGPSの助けを借りると、私たちの脳の回路自体が変わってしまうことになる。

従来の地図を使わなくなったことで、初期の地図を作成したエラストテネスやプトレオマイオスから継承したものも消えていく。何千年ものあいだ、地図や年代記は私たちの考えを構築するうえで大きな助けになっていた。先導役となる松明を奪われれば、私たちはますますまわりを取り巻く世界をつかみにくくなるだろう。


（註7）ロジェ＝ポル・ドロワとモニック・アトランの共著『人類――私たちの生活を変えるこれら大変革についての哲学的探究』（フラマリオン刊。二〇一二年）より。

（註8）『Iブレイン――近代精神の技術変化を生き残る』（ハーパー・コリンズ刊。二〇〇八年）より。

（註9）『自動化という新時代』（新産業時代の対談。二〇一三年十二月）より。

（註10）ロジェ＝ポル・ドロワ著『ソクラテス、エピクロス、セネカ、その他の賢人と現在を生きる』（オディル・ジャコブ刊。二〇一〇年）より。

10. ○と一の呪い

「結局のところ、我われの遺伝子からしてすでに情報科学のプログラムである」

アップル創業者　スティーブ・ジョブズ

映画007シリーズの『カジノ・ロワイヤル』で、ジェームズ・ボンドが対決する最強の敵はル・シッフルという名の銀行家。元数学者で、「神よりも高い収益率」を信じている悪の天才だ。男の名前ル・シッフルは、フランス語で数字の意味である。

ビッグデータは私たちを取り巻く世界を非現実化するために数字を使い、○と一の一連の制御手段でコード化。この二進法言語で、ほぼすべてがコンピューターに収まることになった。世界の記憶となる映像、テキスト、写真、音声、ビデオなどのメモリーは、いまや○と一の形でシリコーン（ケイ素樹脂）に保存されるようになった。保存能力はほぼ半世紀で五千万倍になり、対して価格は二年ごとに半分になっている。コレージュ・ド・フランスの情報学教授ジェラール・ベリィに言わせると、デジタル革命の成功は想像を絶するものだ。

「情報の性格がなんであれ、すべてが均一な方法で表現され、操作される。先祖伝来の情報の形と、媒体からの断絶だ」。

世界を飲み込み、次いで消化するために、ビッグデータは酵素として○と一の二進法を使った。昔は、音楽はポリ塩化ビニールに微細溝が刻まれたレコード盤か、磁気粒子の分極による磁気テープで聞き、本はインクで印刷されたもの、絵はコーティングを施した画布、映画や写真の映像は光に反応する乳剤をしみ込ませたセルロースのフィルムに保存されていた。ところがいまは、すべてが数字化された同じ媒体に置かれ、瞬時に送受信でき、無限に複写と保存ができるようになっている。

まさに革命だ。メーカーは日々パワーアップした器械を、日々安く作るようになり、地球規模で接続できるようになっている。現在、百億人のユーザーが、パソコンやスマートフォン、タブレットなどでつねにデジタル通信を行っている。ビッグデータ企業が世界じゅうに張りめぐらせた巨大なパイプが、○と一で構成された情報を循環させている。デジタルの巨人たちにとって数字の力は無限。その力を見せつけるかのようにグーグルは、欧州連合から独占禁止法の処分を受けそうになると、組織を変更して「アルファベット」という名に変えた。アルファベットの二十六文字が、グーグルグループを束ねる持ち株会社の名前になったのだ。

彼らに言わせると、数字には万能の力があり、混沌とした世界も数字で簡単に理解できるようになるという。こうしてグーグルは二〇一〇年、新しい科学分野として「カルチュロミクス」なるものを創設した。文化を意味する「カルチャー」と、遺伝子の生命科学を意味する「ゲノミクス」を合成した新語だ。その目的は？　歴史をアルゴリズムに転換して、人類の文化の変遷を分析しようというものだ。そのために言語学者や数学者らが動員され、グーグルの膨大なライブラリーから特別に考案された情報のツールである。

このときにコンピューターが処理したのは、世界で印刷物になったことのない本のうち全体の四パーセントで、単語は数にして五千億個、各世紀に沿って語彙や思考法の変化を検出し、それをグラフに示した。グーグルはなかでも、一八〇〇年から二〇〇〇年までの「神」という言葉の使われ方を分析。それによると、この言葉の使用は一八〇〇年から一九〇〇年まで著しく減少しているが、以降は復活することもなく、相対的に安定しているそうだ。

ビッグデータ企業の論理では、意味があるのは量である。処理するデータが多いほど、導きだされる結果は完ぺきに近づき、そこでの真実は事実上、客観的な判断と見なされている。なぜなら、それは膨大な情報を処理して出てくるものだから。この量への過大な信奉に、さらに技術の中立性という幻想が加わる。そう、幻想である。アルゴリズムは人間が考えだしたものだから、当然そこには文化、政治、商業的な観点が入り込む恐れがあるからだ。しかし、ここで彼らが期待するのは、現実離れした、先入観も信条もない、したがって議論もない世界を実現することである。人が瞬時の感情によって行動するだけの世界だ。

デジタル業界が確信していることがある。器械は人間より優れているということだ。人間の脳は一千億個の神経細胞を持つと言われているが、それでも一秒に百万×十億もの操作ができるコンピューターを前にしたら形無しだろう。しかも、競って強力化がはかられており、二〇一八年には、現在より百万倍の性能を持つ「エクザスケール」という名のスーパーコンピューターが誕生すると言われている。そのことから、ビッグデータ企業は、世界は器械に統治されるべきだと考えているのは間違いない。この考えの元になっているのは、一九五〇年代に生まれた人工頭脳学の理論で、それによると器械は人間よりも公平で、調和の取れた社会を構築するという。

これは社会学者セリーヌ・ラフォンテーヌに言わせると、人間をコントロールする科学技術の力が強まるだけでなく、「人間自体が世界の統治者として理論的かどうかが問題視される」（註11）ことである。そうなった暁には、人工頭脳学は複雑な仕事の大半をコンピューターに委託するようになるだろう。ちなみに人工頭脳学「サイバネティクス」はギリシャ語で「統治術」という意味。器械が私たちの代わりに決めることがますます増えていくことになりそうだ。

そのいい例が金融の「超高速取引」である。決済の過程では人間の特権が完全に消され、コンピューターが徐々に株式市場を牛耳るようになっている。現在、ウォールストリートの一部の立会いでは、売買の三分の二がアルゴリズムで自動的に決済されているという。ミリ秒単位での決済はしかし、ときに大混乱を引き起こす。いわゆる「瞬間暴落」と言われるものである。二〇一〇年五月、ロンドン証券取引所で八千億ユーロが一瞬にして消えたのは、取引の情報プログラムが間違ったオーダーを出したのが原因だった。

私たちは器械に監視され、それをコントロールすることさえできずにいる。フランスでは諜報活動に関する法案が可決され、テロリストを見抜くアルゴリズムをインターネットの各オペレーターに設置することが許可されたばかりである。効率化の名のもとに、アルゴリズムは完全に自立して作業するようになっている。誰かに監視されて行うのではなく、アルゴリズムが自分で学習し、自分で検索して、分類する。ただし、ある行動が何を規準に「疑わしい」と判断されるのかはわからない。その行動を選ぶのは器械だから。このスパイシステムは前出のフランスのコンセイユ・デタで問題視され、デジタルと基本の権利についての報告書では「客観的で、絶対に誤りがないと思われているアルゴリズムの結果を過信すること」が不安視され、最後に無意味とわかりつつ「アルゴリズム法」の創設を訴えている。

私たちは完ぺきすぎて取扱方法もわからない器械の奴隷になってしまっている。まさに「ブラックボックス」の世界だ。そして、このようなやり方を正当化する原則はつねに同じ。

「悪いことを何もしていなければ、あなたに関することをすべて知られても心配することはない」

である。

ここで言う悪いことの定義は、規準に従って情報を分類して処理する側の完全な秘密主義に委ねられ、それを明らかにする義務はないことになっている。いずれにしろ、それぞれの分類は器械自身のロジックに沿って行われる。哲学者で新しいテクノロジーの専門家エリック・サダンが強調するように、ここで問われているのは、人間が自分で決断する力が弱まっていることである。しかし、この決断力こそ責任感とともに現代の人間主義の中心となるものだ。

「もっと広く言うと、これまで人間同士と、人間とモノを分けていた隔たりが、徐々に縮小しているということだ」（註12）

とエリック・サダンは述べる。

メタデータだけに圧縮された世界では、不完全なものには居場所がない。つまり、人間の居場所がないのである。しかし、人類にあるこの不完全さ、弱さこそが人間の力の土台になっている。コンピューターと違って、確かに人間の脳は無限の組み合わせなど想像できず、計算力には限界があり、偶然に左右される。しかし、それを解決するために、人間は近道を思いついた。直感である。心の激しい動きに導かれて決断する直感からは、天才のみならず、思いがけない発見も生まれている。同じことは、不完全な記憶にも言える。コンピューターには失礼だが、忘れることは人間が知能を育むうえで必要不可欠なのである。

「人間の脳は記憶を保存するようにはできていない。脳の本当の力はフレキシブルなところにあり、必要なことだけを覚え、過去の嫌な経験を否定するために忘れる力がある」（『ル・ポワン』誌。二〇一五年八月三十日号）

と訴えるのは、パリのエコール・サントラル（＊理工系グランゼコール）の神経工学研究者イドリス・アベルカンである。

「グーグルやアップル、フェイスブック、アマゾン、百度《バイドゥ》、アリババ（＊ともに中国）、サムスン（＊韓国）、マイクロソフトが、学術界が十年かかる以上のデータを一日で処理する時代、私たち人間に欠けているのはデータではない。コンピューターではできないもの。それはアイデアであり、コンセプト、想像力だ」

と彼は語っている。

つねに最適化に心を砕くデジタルの世界では、私たちに関する完全な記憶、言い換えると、私たちのしたことや行動の痕跡をもすべてコンピューターに保存できることが約束されている。効率性を考えれば、明らかにお金になるサービスだ。器械が代わりに思い出してくれるおかげで、私たちの脳は安心して次の仕事に没頭できるというわけだ。

しかし、記憶を外注してしまうと、人間ならではの特質、想像力が衰えるリスクがある。なぜなら、想像力は私たちの脳に刻み込まれた感動的な体験で育まれるからである。データやオートメーションが人間を作ることなどありえない。人間らしさのもとになるのは、疑いもなく意識であり、アイデア、創造性、夢である。もちろん情報もそうだが、しかし、その情報から知識、さらには知恵を抽出することは、どんなアルゴリズムにもできないことだろう。

スーパーコンピューターの「エクザスケール」が消費する電力は、人口三万人の都市に匹敵するという。対して人間の脳はその百万分の一のエネルギーで満足しているのだが、しかし、スーパーコンピューターには相対性理論を発明し、トルストイの『戦争と平和』を書き、モーツアルトの『魔笛』を作曲する能力は決してないだろう。

コンピューターに対して人間の脳が一撃を加えられるのはもう一つ、リスクをおかすのが好きなことである。すべてを数量化したいビッグデータは、このリスクをも統計にして、予測できないことや偶然性を消去するようにしている。ビッグデータにとって予測できないことは悪の骨頂なのだ。

英国籍でフランス語の作家ペルシー・ケンプは、マキャベリの『君主論』をもじった同じタイトルのエッセイ『君主論』(スイユ刊。二〇一三年)で、マキャベリが君主に警告したことに触れている。

「最初はどんなによく見えた出来事でも、前もって予想していなかった出来事はすべて、そのための準備をせず、前もって体験もしていないから、いざそのときになっても対処できず、危機の原因となって残ることになる」

メタデータのおかげで未来を占うことができるようになったデジタル企業の夢は政治

である。政治を担うからには、リスクもまた数量化すべきものになる。裁判に訴えることが多くなった社会では、この種の需要は増えるいっぽう。銀行や保険業界、金融市場ではお金になるからだ。

世界をできるだけ規格化するために、数量化し、推測し、標準化する。これがビッグデータ企業のロジックだ。こうして、アップルが五億万個のアイフォンを売りさばき、一日で十億人がフェイスブックを利用している現在、スマートフォンの九十パーセントが同じOS（オペレーティングシステム）アンドロイドを装備している。こちらはグーグルが開発したものだが、ターゲットにしているのは普遍的な消費者なので、サービスや商品は各社が個々に整合する必要はあまりないのである。

ビッグデータはグローバル化の最後の段階を構成している。ここまでグローバル化を熱心に推し進めてきたのは、先にも述べたように、この現象がアメリカ発で、デジタル企業の大半の本社があるのもアメリカだからである。

「グローバル化はアメリカのイメージに合わせて考えだされた観念である。商業優先で、透明性が要求され、つねに動き、ルーツも国境もない社会のために作られた理論である。そこではお金が王さまで、国家の概念もない」（註13）

と分析するのは、歴史家のジャン・セヴィリアである。

このグローバル化の利を取ったのが中国市場でのグーグルだ。参入当初、当局の厳しい検閲に反発して大々的に撤退を表明したグーグルは、結局は中国の条件を受け入れて再参入、ユーザーのデータも当地のサーバーの元に置くことに同意している。スマートフォンでは世界一の市場中国で、自社の開発したOSアンドロイドをさらに活用できるうま味には逆らえなかったのだろう。

まわりの状況と同じように、人間もデータ化されつつあり、測定できるものや、新陳代謝に関わるものまで数量化されている。各個人に関して集積した情報から、ビッグデータはデジタル人間まで作ってしまった。本人のデジタル分身ができたのだ。

「驚くべきは、SNSでみんながみんな自分を誇示しているのもそうだが、それとともに新しい形のアイデンティティがあらわれたことである。私たちの公式な身分に、デジタルの身分が加わった。これがSNSで拡散され、どこにでも何にでも介入して、際限なく共有するという夢に向かっている。デジタルの分身は、公式な紙の身分証明書とはまったく違ったものになっている」

と指摘するのは、先の哲学者ロジェ＝ポル・ドロワ（註14）である。

消費者の期待をより多く知ることと、行動範囲の見極めを目的に、ビッグデータはSNSを利用するユーザーの情報からその人となりまでとらえている。人間はただのコードの列となり、プロファイルとしての分類はシステムの基準に沿って行われている。項目は宗教、政治信条、恋愛環境、セックスの習慣、さらには意見などで、そこには違うネットワークで表明された内容も含まれる。データが一つのイメージを固定するのだが、当然、それはその人のごく一部である……。

ここでいったん、世界をコード化する○と一の力を認めたとして、問題は、それが世界を明快にわかりやすくするというビッグデータ企業の約束とはまったく違っていることである。ここで行われているのは、すべてをデジタルにして縮小することだ。現実を○と一に転換することで、私たちにとって基本となる、感覚の次元を切り離した世界が作られている。単純化することで、物事を理解するうえでの基本の要素が奪われている。アルゴリズムでは相関関係を計算するだけで、「なぜ」という質問には答えず、「どうするか」だけが重要になっている。原因は知らされず、結果だけに興味が向くようにさせられている。

その行き着く先が、現在話題になっている「ソリューショニズム」(解決主義)である。これはアルゴリズムで人類の問題はすべて解決できるという考え方で、問題の原因には取り組まないのだが、お金をもたらすので、そちらに走るというわけだ。

「なぜ」が避けられるのは、それに答えると複雑な現実にぶつかり、その原因を処理するにはお金がかかるから。結局、器械がはじき出す結果がなんであれ、数字は論争を避けるということだ。こうして数字は意味の問題を遠ざけている。数字こそ法律。数字が私たちに規範を押しつけているのである。

（註11）『人工頭脳帝国——器械的考えについて考える器械』（スイユ刊。二〇〇四年）より。

（註12）『アルゴリズム的生活』（レシャッペ刊。二〇一五年）より。

（註13）『知的なテロリズム』（ペラン刊。二〇〇〇年）より。

（註14）ロジェ＝ポル・ドロワとモニック・アトランの共著『人類——私たちの生活を変えるこれら大変革についての哲学的探究』（フラマリオン刊。二〇一二年）より。

11. 未来は方程式である

「大半の人がグーグルに期待しているのは、質問に答えることではなく、次にすべき行動を言ってくれることである」

グーグルCEO（当時）エリック・シュミット

二〇〇七年五月

「以前は、犯人を追いかけていたものだが、いまは彼らが犯罪を犯す前に逮捕している」

とオフレコで嬉しそうに話すのはある警官だ。ここはメンフィス。アメリカでもっとも犯罪の多い街の一つである。ＩＢＭはテレビ広告で、自社で開発した「ブルークラッシュ Blue Crush」という名の犯罪分析ソフトの効果を宣伝している。

二〇一〇年、メンフィス市は警官の人員の二十五パーセント削減を決断、その穴埋めをＩＢＭに依頼した。以降、警官たちは職務につく前に、携帯やパトカーの車載コンピューターで地図を受信、そこには十二時間以内に犯罪が発生しそうな地点が指示されている。ホットスポットは赤く光っており、そこに集中するようにという指令付きだ。数学者とビッグデータ専門の情報科学者と人類学者で開発されたブルークラッシュは、まずメンフィス警察の過去のコンピューター情報をすべて吸い上げた。現場介入の報告書、調書、レポート、ほかに電話内容のコピーなど。それから、彼らが開発したアルゴリズムで日にち、場所、種類別で軽犯罪が分類された。

二十四時間体制で警察の情報ネットワークと接続しているブルークラッシュは、各警官が入力する新情報や、パトロール中の車載カメラや街じゅうに設置された五百台のカメラが映像を送るのに合わせてつねにアップデートされている。ブルークラッシュは繰り返しの理論に従って軽犯罪の確率を計算する。このソフトのおかげで半分の経費で犯罪が減った成功を受け、ＩＢＭはさらにバージョンアップした「プレドポル PredPol」を開発、こちらはすでにロサンジェルス、アトランタ、ニューヨークの警察で使用されている。

アルゴリズムはいまや気候による行動の変化まで考察できるのだが、しかしそれだけではない。統計による相関関係から、犯罪を生みやすい住民のプロファイルまで分類できるようになっている。こうなると、犯罪を犯す前に烙印を押すリスクが発生するのだが、それに関しては米司法省の科学とテクノロジー分野の元ディレクターがまったく問題なしと一蹴している。

「これらのデータにはもちろん先入観は生じるだろうが、しかしその先入観もまた、いまや数学的な方法で検出できる」

過去の犯罪情報を処理し、次にいつ、どこで起こりうるかを立証する「犯罪予測システム」の開発は、ヨーロッパでは競合になっている。プレドポルはイギリスのケント市警察で購入されたのだが、ドイツでは独自に「モデル化による予測技術研究所」が予測ソフト「プリコブスPrecobs」を開発、二〇一五年からミュンヘンを筆頭にニュルンベルク、ケルン、またスイスのチューリッヒ、バーゼルの各市でテストされている。フランスでも、国立非行観察局が二〇一六年にパリで犯罪予測システムをテストすると予告した。

アメリカのSF作家フィリップ・K・ディック（一九二八—一九八二）の短編小説「少数報告」（邦訳は『悪夢機械』新潮文庫所収）を映画化したスティーブン・スピルバーグの『マイノリティ・リポート』では、二〇五四年の未来に、ワシントンの犯罪が殺人予知システム「プリコグ」のおかげで根絶されている。予知能力のある人間のミュータント（＊突然変異体）が、事件が発生する前に犯人を逮捕するというストーリーだ。この

「マイノリティ・リポート」がビッグデータ企業の夢である。彼らの研究所では「プレドポル」や「プリコブス」を改良し、いつの日か、どこでいつ犯罪が発生するかだけでなく、誰が犯人になるかまで予知できる日を目指している。

「未来は方程式である」

と熱く語るのは、アメリカで予測分析の若き天才と言われるネイト・シルバーだ。彼はオバマ大統領の最初の大統領選で中心的な働きをした人物として知られている。ハイテク産業にとって、人間の行動は大部分あらかじめ決定している、つまり予測できる。そして予告するには、膨大なデータの処理ソフトに任せればいいだけなのである。

二〇〇七年、米国国土安全保障省は——ブッシュ大統領が創設した対テロリズム省の一つ——「潜在的テロリスト」の識別を目指す研究計画を発表した。現在は無罪でも、将来確実に罪を犯す人物を特定するというわけだ。「危険人物検出システム」（FAST）と名づけられた装置のプログラムは、個人の行動に関する要素はすべて、ボディランゲージや生理的な特徴までターゲットにする。そこで怪しい人物が検出されたら即、顔を認識できるコンピューターが追跡する。こうして「人工知能」監視カメラは徐々に、行動まで分析するようになっており、疑わしい動きや、発汗などストレスのサインまで検出するのである。

ロンドン郊外の空港のある街ルートン市では、巡査が八台の監視カメラをテスト中だ。データベースを元に作成した怪しい行動のリスト五十項目に含まれるものを検出したら警報音が鳴るかどうか確認している。フランスのニースではすでに、九百十五台の人工知能カメラが歩道を見張っており、群衆のなかで激しい動きや、逆にじっと止まっている人物を自動的に見つけるようになっている。

「インデクト Indect」（犯罪予防監視システム）とは、二〇一一年に欧州連合が発表した計画の名前で、「脅威を検出する解決法とツールの開発」が目的である。都会の真ん中で「不自然な行動」を検出するアルゴリズムを開発するために、十七人以上の研究スタッフが選ばれた。人混みのなかで逆方向に歩く、急ぎ足で歩く、全員が座っているなかで一人立っている、店のなかで靴ひもを結ぶ、空港のロビーで写真を撮る、あるいはフード付きの服を着ていると、それだけで怪しいとコンピューターに判断されることになる。科学技術コーディネーターのダリユ・ガヴリラは当然のごとく断言する。

「人工知能システムは人間のオペレーターよりよほど客観的で、差別も少ないのは常識だ」

とはいっても、行動を分析するカメラのおかげで、私たちの公共の場での振る舞いがアルゴリズムの新コードで陰険に識別されていることに変わりはない。これにはへたに逆らおうとしないことだ。コンピューターのメモリーに「怪しい」とレッテルを貼られるリスクがある。

こうして、集積された膨大な情報の塊は、私たち個人の内面の欲望をリアルタイムで知る以上のことを行っている。予測の分析にかっこうの土壌になっているのである。この新しい方法での次なる目標は、いつの日か変質者を予測することだそうだ。自殺願望者や犯罪の意図のある者は、そういう行動に出る前に前触れのサインや、再発の可能性がある情報を出していることが少なくないという考えに沿ったものである。

映画『マイノリティ・リポート』で描かれたように、私たちは犯罪の意図があるだけで「犯意罪」が成立する世界へ知らず知らず向かっている。テロとの闘いにはおあつらえ向きの傾向だ。九・一一のアメリカ同時多発テロのあと、NSA（アメリカ国家安全保障局）が実行した反撃はタブーを破ってしまった。対テロ対策の名のもとに、「有罪」の概念が主観の入り込む余地の多い「危険度」に移行してしまったのだ。この概念がいま、じわじわと浸透している。

フランスでは最新の対テロ法で、「犯意罪」が導入されている。いまやテロ行為の意図が検出されただけで、個人を裁判所に連行できるようになっている。司法もその方向に移行している。なぜならビッグデータが許可しているから間違いないと考えているからだ。こうして犯罪ではなく、意図が罰せられている。「犯人」を見つけるために必要なデジタル情報ならなんでもかき集めるという強い力が働くようになっている。その証拠に、ベルナール・ガズヌーブ内務大臣は、諜報に関する法律の正当性を主張するために、器械が自動的に検出できるテロリストの行動リストの存在を前面に押し出した。証拠を元にした刑法の基本は木っ端微塵にされてしまったのだ。

「ターゲットからデータを見つける代わりに、データからターゲットを見つけるようになった。将来を予想すると危険きわまりない」(『ル・モンド』紙。二〇一五年六月六日号)と不安を隠さないのは、民法と犯罪科学の専門家ミレイユ・デルマ＝マルティである。ビッグデータがもたらした「人を疑う」時代は、不安定な世界を建て直すためとされている。ところがしかし、実際に起きているのは真逆である。アメリカは安全の研究では先頭に立ちながら、世界でもっとも暴力的な国の一つだ。人口四十万人のニューオーリンズ市だけで、二〇一五年の第1四半期は九十二件の殺人が記録されている。人口二百万人のパリ地域で二〇一三年の一年間に発生した殺人件数と同じである。上昇するいっぽうのニューオーリンズ市の殺人率はパリの四十倍になる。

そんな私たちを安心させるために、デジタル企業はアルゴリズムで不安定要素のリスクを吸い上げると提案しているが、そこからロイヤリティを稼ごうという魂胆だ……。

しかし、そこにも難問があると指摘するのは先のミレイユ・デルマ＝マルティである。「行動を予告し、意図を検出するという主張自体、すでに人間性を奪うものである。なぜなら、人間の特質は不明確なところで、不明確なものがなければ、人間は何に対しても責任が取れなくなるからである」（同前）。

先行きの予想を売る、これがビッグデータ企業の新たな市場だ。

グーグルもまた同じで、検索エンジンを利用してインフルエンザにかかった家庭をできるかぎり速く検出しようとしている。五億もの計算作業をした結果、インフルエンザが流行する地域のユーザーが頻繁に打ち込む言葉から四十五個のキーワードを特定。そこからある都市や地域で流行病に感染した家庭を世界一速く検出できるアルゴリズムを開発したのである。医薬品業界にとっては貴重な情報で、好機に有効な薬品を供給することができる。

グーグルはさらに不動産市場にも予測事業を拡張している。ユーザーの検索行動を分析して、近々の価格変動を米国の不動産業協会よりも速く、確実にモデル化できるようにしたのである。その予測を現在、五千万ドルで入手した不動産広告のプラットフォーム「Auction.com」上に掲載して利益を生んでいる。

同様に、イギリスのバーミンガム大学の情報科学研究者は、私たちのスマートフォンを追跡したデータから、二十四時間後にどこにいるかを誤差二十メートルの範囲で予告できると豪語している。店側にとっては、目星をつけた顧客がこの日の何時頃に店頭を通りかかるのがわかれば、何を売ったらいいかがわかるというわけだ。

「お金にするには、その前に六か月は必要です」

と語るのはキラ・ラディンスキー。「ウェブ界の予言者」と呼ばれるイスラエル人の若き女性数学者は、自らが開発したアルゴリズムで金融市場の崩壊から暴動の勃発まで予告できると主張。彼女のベンチャー企業セールスプレディクト SalesPredict（＊その後 eBay が買収）は日々、各分野の大企業にマーケティングの予測を供給している。

ビッグデータ企業にとっては、予測機能を高めるために私たちの日常の不確定要素を削除しなければならなくなる。

「彼らの今後の目的は、完全に幸せな世界を構築するために、偶然の要素を削除することだ。夢の展望は、偶然が制御され、したがって完全に無だけの世界になる」（註15）

と、先の哲学者ロジェ＝ポル・ドロワは予告する。

ところが、偶然を完全に取り除こうとすると、ここでまた人間にとって重要な要素である曖昧さの一部を消すことになる。人間は思いがけない出来事で精神が豊かになり、予想外のことに直面してこそ創造力も育ってきた。歴史を見ても、偉大な発見の多くは偶然の一かけらがなければ成し得なかっただろう。

まずアメリカ大陸にしてからが、コロンブスの計算違いで発見されたものだ。ペニシリンを発見したイギリスの細胞学者アレクサンダー・フレミングにしても、培養していた青カビが黄色ブドウ球菌を殺すことに偶然気づいたのがきっかけだった。さらに、フランスの物理学者アンリ・ベクトルも、ウラン塩を写真乾板にまぶしているときに、太陽光が当たったときと同じように露光するのを確認し、自然の放射線を発見している。

人類の進化自体、偶然と制御不能の連鎖である。二人の親の遺伝コードが結びつくとき、結果は予測不能。〇と一のデジタルによる決定論とは真逆である。ところが後者は、偶然の賜物とも言える、二人の人間の出会いを方程式にするのに躍起になっている。いったいどういうことなのだろう?

「愛は偶然から生まれるものではありません」

と宣伝するのは、最高のパートナーを見つけるサイトとしてヨーロッパを代表するパーシップ Parship である。パーシップやイーダーリン eDarling など、親密度による出会いを提供するサイトを利用すると、こんなことが起こる。会社での営業会議が終わって社外へ出ると、あなたの携帯が鳴り、あなたの希望にぴったりのフリーな女性または男性が、すぐ近くのカフェのテラスでコーヒーを飲んでいると指示が入る。あなたはその場で昼食の約束をキャンセルするというわけだ。

アルゴリズムはいまや私たちの交際まで決めている。これはフェイスブックなどのソーシャルネットワークの概念で、アルゴリズム「エッジランクEdgg Rank」はユーザー間の親密度を計算するために開発されたものである。

フェイスブック・フランスのローラン・ソリー社長は、フェイスブックの利点は「あなたが近いと感じる人や企業とだけ意見交換できるところにある」と説明するが、そこには不安要素が一つある。似た者同士だけでの討論になると、議論は空回り、精神も閉ざされて、意見も固定する。だとしたら、論争の場と言われるインターネットは幻になるのではないだろうか。

彼らは最小限の時間で最大限の効率を売っている。高性能の競争力をつけるための保険である。アルバニアの小説家イスマイル・カダレは、著書『夢宮殿』（邦訳は東京創元社刊。一九九四年）について「ずっと長く、私は地獄を構築したいと願っていた」と語っている。この小説は、市民の夢を解釈するのが使命の想像上の国で、全権力を持つ行政当局が王国の未来を解読するために夜ごと住民の夢を集積して選り分け、分類して解釈するという内容だ。私たちはビッグデータ企業に、私たちの夢を読んで未来を見るという途方もない力を譲っているところである……。

（註15）『哲学では幸せになれない……それはよかった』（フラマリオン刊。二〇一五年）より。

12. 時間の支配者たち

「科学はまさに大惨事を生みだそうとしている。人類史上初めて、違うふうに変化する二つの人類をつくり出している」

医学教授、産婦人科医、生命倫理学欧州フォーラム創始者
イスラエル・ニザン
二〇一三年十二月

その小鳥は頭が黒と褐色のまだらで、目のまわりは白と黒の縞模様になっている。喉元が白く、体重もわずか三十グラムのこの小鳥に、なぜか興味を注いでいるのがアメリカ国防省だ。北米の森林に棲息するホオジロは渡り鳥で、移動するときは七日間連続で眠らずにいるというのは事実である。軍の狙いは、この耐久力の秘密を見抜き、軍事作戦に参加する兵士が四十八時間以上眠らずにいるにはどうしたらいいか考えるところにある。

睡魔の克服は、ペンタゴンと多くの分野で共同研究をしているビッグデータ企業にとっても関心事項である。デジタル企業にとって、私たちの睡眠時間はオフラインタイム、接続していないので何の利益も生まない時間である。睡眠は収益性と営業成績、内容の充実に損害を与えるのだ。なぜなら、ユーザーが起きていれば、何も買っていないときでもお金になる個人データでシステムをいっぱいにしてくれるからである。そこでビッグデータの支配者たちが目指したのは、世界じゅうを不眠状態にすることだ。

おかげで私たちは、昼夜問わず、時間に関係なく交流し、楽しみ、議論して、買い物をするようになっている。私たちの睡眠時間は毎年減少し続け、二十五年間でフランス人の睡眠時間は平均十八分減っている。これは資本主義と新しいテクノロジーの結合が発展したことと直接結びついている。

アメリカ人のエッセイスト、ジョナサン・クレーリーは著書『24/7 眠らない社会』(邦訳はエヌティティ出版刊。二〇一五年)で、私たち働く者と消費者が週七日二十四時間動き回るようになった「24/7オープン」時代に反旗を掲げている。

「現代資本主義の構造の中心に可能な限り存在しようとして、休息と再生の時間を脇に押しやると、いまの時代、お金がかかりすぎるだけである」

と述べ、そして釘をさす。

「そういうわけで、人生の大半を寝て過ごし、まがいものの欲求にうつつを抜かす時間を脇に置くということは、現代の強欲な資本主義に対して人間ができる最大限の侮辱である」。

現在は寝ることがほとんど異常なことになり、絶えず動き回ることが新しい規範になっている。連続して何かをし、どの瞬間も最適化して生きなければならなくなっている。暇な時間や列を作って待つ時間、地下鉄のホームにいる時間、約束と約束のあいだの空き時間は埋めなければならない。デジタル企業が開発した、接続してつながるモノやアプリはそのためにある。もちろん私たちを市場につなぎ止めておくためだ。

それとは別に、仕事の生産性を向上させるツールもある。アップルやフェイスブックが女性社員のために卵子凍結サービスを始めたのも、企業に当てられた時間を最大限収益性のあるものにするためだ。つまり、女性社員のキャリアを最適化するために、母親になるのを四十歳以降にする可能性を与えたのだ。高齢出産に必要な不妊治療のサポートにかかる費用をカバーするために、一万五千五百ユーロの保険が給付されている。フェミニストには喜ばれる取り組みだが、目的は、女性社員の活力と創造性を脂の乗り切った年齢、つまり知的能力で頂点にいる年代に吸い上げようという魂胆である。

ここに見え隠れするのが、人間をもっと完ぺきなものにできる、すべての問題はテクノロジーで解決できるという考えである。病気や老い、そして死でさえ抽象的な問題ではなく、単にテクノロジーの問題で、生物学と情報学の合体で克服できるという考えだ。

グーグルが初めてバイオテクノロジーの扉を開けたのは、自社の検索エンジンを強化するためだった。そのとき求めたのは、コンピューターが一人で学ぶプログラムの開発で、器械に内蔵する神経のネットワーク機能の複製を作ることだった。ビッグデータ企業の視点に関して、フランスで遺伝子配列の制御手順でパイオニアの一人、ローラン・アレクサンドルが簡単に説明する。

「未来の人間はウェブサイトのようなものになるということで、永遠のベータ版（*ソフトのサンプル）、つまりずっと改良し続けるように設定された人体の試作モデルということです」（『ル・モンド』紙。二〇一三年四月十八日号）。

ビッグデータ企業は、時間を支配して、寿命を延長できると思っている。

「グーグルは死を安らかなものにしたいのだ」

と、二〇一四年七月、共同創業者のラリー・ペイジも宣言していた。グーグルが創設したカリフォルニア・ライフ・カンパニー（カリコ Calico）の計画表では、病気は兆候があらわれる前にやっつけ、二〇三五年までに寿命を二十年延ばすとなっている。カリコの報告では、血液中で心筋梗塞やガンの兆候を事前に検出できる、ナノ粒子を含む錠剤をすでに開発している。兆候が検出されると、システムのユーザーはブレスレットにあらわれる蛍光のサインで知らされるという。

細胞の老化を含め、あらゆる病気の超早期診断サービスを拡張するため、グーグルはあらかじめ遺伝子配列がわかっている志願者一万人にセンサーを付けた。こうして集まった医療データを元に、グーグルが期待しているのは、「ある病気を予知し、治療できる魔法のサインを発見すること」だそうである（『ル・モンド』紙。二〇一五年四月二十五日号）。

そんなグーグルは最近、バイオテクノロジーでは最大のアメリカ企業「バイオジェンBiogen」と合意に達し、将来有望な遺伝子検査による予測医療市場の獲得に意欲を燃やしている。二十億ドルの資金を運営するグーグルの投資財団は、三分の一を医療分野に投資しているのだが、とくにお金をつぎ込んでいるのが、共同創業者の一人セルゲイ・ブリンの妻アン・ウォジツキが立ち上げた遺伝子分析のベンチャー企業「23アンド・ミー23andMe」である。この会社が行っているサービスは、顧客の唾液のサンプルからDNAを解析し、アルツハイマーやパーキンソン病になる恐れがあるかどうかを安価で検査するというものだ。

23アンド・ミーは二〇一五年から、無料で供給された個人の遺伝子情報を薬品企業に転売を始めたのだが、それが将来、保険業界に譲渡され、顧客の遺伝子情報が保険料の参考にされる恐れがないとは、誰が言いきれるだろう……。

グーグルX（現在はX）はグーグルの秘密の研究所である。サンフランシスコの南、マウンテンビューにある本社の近く、NASAの飛び地を六十年の契約で借りたところにひっそりと建っている。そこで生物学、医学、遺伝学の選り抜きの技術者百五十人が、人目を離れて仕事をしているのだが、外部の者、とくにジャーナリストは入所が禁止されている。グーグルが生命科学部門で、未来の人間を設計しているのはここである。体内時計を遅らせようというわけだ。老化のメカニズムの解明を待ちながら、グーグルは未来のe-健康市場を奪回できると期待している。

十兆ドルにのぼると算定される黄金郷にはすでにアップル、マイクロソフト、フェイスブック、アマゾンが目をつけている。アルゴリズムが診察して処方箋を出す未来医療である。現在は、IBMが開発したソフト「ワトソン」などを医療機関が導入し、一部のガンは専門医師より効率的に診察している。将来的に、ワトソン博士は医師の場所を奪ってしまうだろう。

しかし、あまり表立ってはいないがビッグデータ企業には別の野心がある。将来、お金のある人たちを対象に長寿ポイントを売るというものだ。世界の新オリガーキー（超寡頭体制の新たな支配者）たちならどんな大金でも払ってくれるだろう。そして長寿ポイントは最高の贅沢になるだろう。百万ドルの時計や、全長百七十メートルのヨットを買うより、ボーイング七四七を自家用ジェットにするより、二十万ドルで宇宙旅行を楽しむよりずっと贅沢だ。グーグルは再生医療研究のためにすでに十億ドル以上の私的資金を集めている。現金の山を強みに、手始めに老化の分野で世界でも一流の専門家を募集しているのである。

これは寡頭体制に向けての最後の段階である。人類の富の大半が一握りの人間の手に集中しているのが明らかになったあと、今度は、残された最後の平等が崩れ去るのを目の当たりにすることになる。死に対しての平等である。これは完全なる不平等だろう。「これまで、知識の向上は人類全体を進化させてきた。そうして人間の寿命は全体に過去三十年間で年に三か月延びてきた。現在は、国家より金持ちの一部の億万長者が、神から火を盗んだプロメテウス的な夢を追い続けている。もし将来、科学が役に立つのが人類全体ではなく、一部の個人になったら、私たちは二種類の人類に分かれ、同じ方法で進化しないことになる。人類の運命が変わることになる」（『ル・ポワン』誌。二〇一三年十二月十九日号）

と、生命倫理学欧州フォーラムの創設者で、著名な産婦人科医のイスラエル・ニザン教授は予告する。

　絶対的権力を手にしたビッグデータ企業は傲慢になったとしか思えない。かの有名な「ムーアの法則」に培われた桁外れの思い上がりである。ムーアの法則とは、インテルの共同創業者ゴードン・ムーアが、情報工学の草創期一九六〇年代に定めたもので、コンピューターの計算能力とプロセッサ能力は、十八か月ごとに倍々にしていかなければならないというものだ。このままいくとデジタルのブラックホールが作られて、まわりのものを呑み込んですべて〇と一に変換し、世界の複雑さをなし崩しにするようなもの。生命と死のサイクルまで呑み込もうというのである。二〇一二年十月の講演会で、グーグルの会長エリック・シュミットはこうぶち上げていた。

「もしうまいやり方をしたら、我われは地球上の問題をすべて処理できると考えている」

　傲慢は、古代ギリシャ人にとってもっとも重い罪だった。徳とされるのは正しい中庸の道、それ以上のことを要求するのは悪徳、運命を覆すことだった。幸福や財産、生命など、人生のいい部分だけをわが物にすることも悪徳だ。

「つねにもっと」は、トロイ戦争でのギリシャ軍総大将アガメムノンにも当てはまる。彼はその傲慢さと所有欲の強さが災いし、戦争で一挙に自身の不幸に見舞われたと、ホメロスの『イーリアス』に描かれている。

同じく、狂ったような競争に邁進するビッグデータ企業の「つねにもっと」はテクノロジーの傲慢だ。可能性の限界を、死の境界も含めて押しやろうとするものだ。テクノロジーの傲慢さを鋭く非難する急先鋒に立っていた社会学者ジャック・エリュール（一九一二―一九九四）も次のように語っていた。

「限界を決めることは、文化としての社会を構成するものだ。人間は自由を学んだときに初めて自分に限度を課すことができるようになる」（註16）。

ホメロスの『イーリアス』と『オデュッセイア』の物語が西欧文明の基礎となり、普遍的な価値観のもとになったと言われるのにも理由がある。英雄ユリシーズ（＊『オデュッセイア』の主人公。オデュッセウスのラテン語形が英語化したもの）は人間性を守るために不死を拒否しているのである。

ユリシーズを自分の元に引き止めておきたいと願った女神カリプソは、彼に「人間がいまだ手にしたことのない」、永遠の若さを提供しようとする。しかしギリシャの英雄は拒絶する。永遠の現在に閉じこめられると時間が固定し、物語は生まれず、選択の決断も勇気も意味がなくなって、唯一の目的が長寿だけになると考えたのだ。限りある命を選び、不死の傲慢さを拒否したユリシーズは、こうして自分のアイデンティティを守った。人間は弱い生き物だが、それがまた力になることをはっきりと理解していたのである。

不死を主張して節度を失う、これこそ人類にとって死に値するほど危険な思想だと指摘するのは、先の産婦人科医イスラエル・ニザンである。

「一部の少数派が、この途方もない特権を自分たちのものだけにできるほどになっている。こんなことが許されたら人類全体を変えることになる。限りある命という感情は進化の原動力であるのに、これを失うことになる。自分の弱さを乗り越えて生きるために、人間はそれを見越して行動する。それがでるのは人間だけで、この力があるからこそ、人間は生物界で唯一、死を意識する存在になっている」（同前）。

しかし、ビッグデータ企業は死の問題だけで終わろうとしていない。器械と組み合わせた新しい人間を作ろうとしている。目的は、「超人的」な肉体と知能を持つ強化人間を世に出すことだ。「強化人間」に向けての第一歩もやはり米軍によって行われている。ペンタゴンはスーパー兵士をつくり出すために、現在、外骨格型の装備を制作中である。こうして、アメリカ軍の歩兵が試着しているハイテク作業服は、人工知能の繊維で作った第二の肌のようなもので、筋肉や足の腱の機能を模倣し、五十キロの機材を長距離にわたって楽に運べるというものだ。

軍用のハイテク技術を開発する部門で、インターネット誕生の元でもある米国防高等研究計画局DARPA（ダーパ）が発表したのは、特殊攻撃部隊に「超人的な力」を与える、ナノテクノロジーによる金具を張った戦闘パワードスーツ（＊強化外骨格）の製作だ。

二〇一四年二月二十五日、オバマ大統領はホワイトハウスでの記者会見で「我われはアイアンマンを製造しているところだ」と、得意げに発表している。「タロス」と付けられた名前の由来は、ギリシャ神話でゼウスが愛した女神エウローペーを守るために使った青銅の自動人形から取ったものである。拡張現実用のヘルメットを装備したこの戦闘用スーツで、米海軍の特殊部隊は百キロ以上の機材を運ぶことができるという。特殊なバイオテクノロジーにより、神経の刺激で動く世界初の人工義腕を作ったのもDARPAだった。湾岸戦争や、イラク、アフガニスタンにおける戦争で手足を失った退役軍人のために、ペンタゴンは人工知能の器官の開発に大金を投資している。問題の人工義腕は、脳から直接操作されて生卵を割らずにつかめるという。

腕にしろ足にしろ、生体工学の人工器官は人間と器械が合体したもので、シリコンバレーで生まれた思想の一派、「超人間主義者」（＊新しい科学技術で人間を前例のない形に向上させる思想の支持者）の悲願が実を結ぶ前触れでもある。ロボット工学やバイオ遺伝学、ナノテクノロジー、神経科学、情報工学を駆使して可能になったこの理論の一派にとって、未来はそこにしかない。彼らが目指す未来は、これまで小さく変化していたものが突然、急激に変化する時点を言う。それを彼らは「シンギュラリティ（技術的特異点）」と名付け、二〇四〇年頃には、人工知能が人間の知能を追い越すだろうと予告している。

そしてこの理論の主導者こそが、現在、グーグルの開発と研究のディレクターになっているレイ・カーツワイルである。発明家で未来学者、人工知能では世界最高の研究者と言われる彼は、二〇一二年、かのグーグルXに合流、人間の脳機能を模倣する人工神経網研究の中心になっている。彼の指導のもと、グーグルは六か月で二十億ドルを投入、人工知能では最先端の八企業を買収している。

いっぽうアップルは、この分野の人員を四年間で四倍にし、人工知能を研究する専門家を二〇一五年だけで八十六人採用している。すでに一部の研究者は、生きている遺伝コードで機能する「生物学的な」コンピューターを考案。世界で十五か所ほどの研究所で、現在、シリコーンと何十億からなるＤＮＡを混ぜ合わせたマイクロプロセッサーのテストが行われている。脳と器械の結合だ。これによってコンピューターは絶えず自分でプログラミングでき、そうやって能力を無限に高めていけるので、いずれ人間の脳を超えるとされている。ちなみに人間の脳の神経細胞は約一千億個と言われているが、コンピューターと違って上限がある。

「もしあなたが、脳に直接接続して世界じゅうの情報を得られるか、あるいは、あなたの脳の上にもっと知能のある人工脳を置けば、これ以上素晴らしいことはない」（註17）

と、グーグルのラリー・ペイジは保証する。

こうして生物学的なコンピューターが開発された暁には、私たちの脳は衰退していくことになるのだろう。私たち人間の脳は、エネルギー全体の三十パーセントも使うくせに学習能力の速度が遅く、それに比べて寿命も短いとなれば、コンピューターとの競争にはとても耐えられないだろう。超人間主義者から見ると、私たちの体内組織は古くて使いものにならないコンピューターのようなものなのだ。ハードディスクがいっぱいになるかならないうちに、中央処理装置はすでに古くなっていく……。

したがって、私たち人間の神経系の収益性を高めるのにいちばんよい方法は、シリコーンの助けを借りることである。こうして記憶力が向上するのであれば、なぜそうしないのか？

そうして立ち上げられたのが記憶回復計画（ＲＡＭ）で、略称のＲＡＭはコンピューターによる生きた記憶を意味する。この計画もまた米国防高等研究計画局ＤＡＲＰＡによって導入されたもので、公式には脳に重い外傷を負った兵士の記憶を回復するために、脳インプラントで新しい記憶をコード化するというものである。二〇一三年十一月付けの資料で報告された内容を要約すると、脳の一部分に刺激を与えることにより、このインプラントが学習能力や反応速度の向上、さらには感情を生みだすことにも使われるという。

とどまることを知らない超人間主義者たちが、コンピューターの脳を実現する考えを温めているのは間違いないだろう。

「我われが考えている理論は、生物学的な思考と非生物学的な思考のハイブリッドと言えるだろう。我われは段階的に合体して、向上していくことになる」

と語るのは、先のレイ・カーツワイルだ。

その彼こそ自分の考えを広めるために、シンギュラリティ大学なるものを創設した人物である。きわめて特異なこの大学のスポンサーに名を連ねるのはビッグデータの支配者たちで、グーグルのラリー・ペイジとセルゲイ・ブリンはもちろん、オンライン決済サービスの世界的リーダー、ペイパルの共同創業者ピーター・ティールなどもいる。

グーグルの本社内にあるキャンパスには、二〇〇八年の開設以来、二千五百人の受講生が通い、職種は銀行家、建築家、企業主、多国籍企業の中間管理職など。それほどの数の「学生」が、一週間の教育を受けたあと世界じゅうに散り、シンギュラリティ大学の講義を伝える大使となっている。それは前述したソリューショニズム（解決主義）と言われる新しい思想で、「世界の問題はすべて、拘束を課さないという条件で解決できる」というものだ。

「政治家など公的権力には、無限大に広がるテクノロジーを理解できる者がいない。それゆえに進化を妨害しようとする傾向があり、これでは何の役にも立たない」

と強調するのは、元ヤフー！の副社長で現在、シンギュラリティ大学の世界進出を担当するサリム・イスマイルである。

ビッグデータ企業の言う新自由主義の観念は、完全な個人主義に基づいている。どんな代価を払ってもテクノロジーの進化を目指すのは個人それぞれのため、それが唯一の行動規範である。

それを不安視するのが、アメリカの哲学者で経済学者でもあるフランシス・フクヤマで、彼は著書『人間の終わり――バイオテクノロジーはなぜ危険か』（邦訳はダイヤモンド社刊。二〇〇二年）のなかで

「バイオテクノロジーは今後二世代のあいだに、社会工学の専門家がやろうとしても成し得なかったことをやり遂げられるツールを与えてくれるだろう。その段階になると、

私たちは人間としての歴史を完全に終えることになるだろう。なぜなら、人間としてのあり方を廃止することになるからだ。そうして、人類を超えた、新しい歴史が始まることになる」

と警告している。

（註16）ジャン＝リュック・ポルケ著『ジャック・エリュール。［ほとんど］すべてを予言した男』（シェルシュ＝ミディ刊。二〇一二年）より。

（註17）アリエル・キルー著『グーグル・ゴッド・ビッグブラザーはいたるところにいる』（アンキュルト刊。二〇一〇年）より。

13. 完全失業時代の到来

「将来の目標は完全失業である。そうなれば、みんな遊んで暮らせるようになるだろう」

SF作家、未来学者

アーサー・C・クラーク（一九一七―二〇〇八）

「ここに紫色のボールを持ってきて」

二〇〇八年春、舞台はトゥールーズにあるフランス国立学術研究センターのシステムの構造と分析研究所。身長一メートル五十七センチの人型ロボットHRP-2が、赤と緑のボール二個が置かれたテーブルの上を見つめ、そして答える。

「私には見えない」

実験者が催促する。

「続けて探して」

HRP−2は頭を左右に回して室内を詮索、ついに戸棚の上に置かれた紫のボールを見つける。ロボットはゆっくりと戸棚に向かい、腕を上げるのだが、ボールの位置が高すぎてつかめない。するとHRP−2はつま先で立った。この難関を脱出するために、ロボットは埋め込まれたアルゴリズムを自分で使ったのだ。それを見て研究者たちは大興奮。人型ロボットが試験に成功した瞬間である。しかしそこでバランスが崩れ、突然倒れそうになったHRP−2は、すぐに左腕を後ろに、右足を前に出してバランスを取る。ロボットは、体勢を立て直すにはどうすべきかを理解しており、バランスの方程式を一人で解決したのである。

「この反射的動作は誰も教えていませんでした。プログラミングされていなかった」と、この計画の当時のチーフ、ポール・ローモンはいまでも興奮覚めやらない。この日、人工知能の研究は大きく躍進したのだった。HRP−2には身体的知能があることも明らかになった。身体的知能とは人間が無意識に身体を動かすための知能で、言語や推理など、より複雑な課題に集中できるよう、脳には情報を貯め込む以外の余地が残されているのである。

最初の真空管コンピューターの発明から、SF小説に登場するような「人工知能」の人型ロボットが誕生するまで、六十九年かかったことになる。コンピューターの内部で形になりつつある人工知能は面白い形をしており、私たちの生活をインターネット以上に激変させることになるはずだ。人工知能は「進化するアルゴリズム」から生まれたものので、生物学の進化でメカニズムが解明された結果である。HRP-2には金融、法律、あるいは医療診療の分析ソフトに人工知能が埋め込まれている。

「現在は、人間が何も説明しなくてもソフトが一人で解決できるアルゴリズムを作られるようになっている」

と語るのは、先のパリのエコール・サントラルの神経工学研究者イドリス・アベルカンだ。

「これらのアルゴリズムの能力は驚くほど独創的で、自分で問題を解決して、新しいやり方を発見する。もし法律によって権利が与えられたら、特許をも申請できるだろう。……理論上は、人間のコントロールも及ばない。というのも、進化するプログラムは人間が理解するより速く進化するからです」（『ル・ポワン』誌。二〇一四年十二月十九日号）。

人間の単純作業の分野で、ロボット化がすでに競合しているのは知られている。

「将来的に、国の競争力はロボット化の度合に左右されてくるだろう。プログラマーを多く抱え、ロボット化の設備が進んでいる国が、工場への投資を引きつけるだろう」

と、経営コンサルト会社のボストン・コンサルティング・グループも報告している。

電子機器の生産を請け負う世界最大の企業グループである、台湾のフォックスコンFoxconn（＊中核会社の鴻海《こうかい》精密工業はシャープの買収先）は各工場のロボット化に着手、精密な部品を組み立てられる、複数の指のついたロボットアームの設置を推し進めている。掲げた目標は、おもにアイフォン6を製造する中国人労働者百万人をロボットに置き換えることだ。

ビッグデータ企業はロボット市場に大挙して投資している。欧州委員会の算定によると、ロボット化だけで今後二〇二〇年までに一千億ユーロが見込まれる、まさに黄金郷である。アマゾンは物流ロボットの専門企業キヴァ・システムズを八億ドルで買収、各配送センターの「人工知能」カートを十倍に増やしている。自動カートの性能をさらにレベルアップすべく、アマゾンの共同創業者でありCEOのジェフ・ベゾスは二〇一五年、棚に並んだ荷物からお菓子や玩具の箱を認識して傷つけないようにつかみ、それを小包に包装できる器械を開発するためのコンペを発表した。ジェフ・ベゾスはまた、ドローンによる配送も視野に入れ、アメリカでテストを始めている。

グーグルもまた買収を重ねている。アメリカの人型ロボット専門企業メカ・ロボティクスをはじめ、日本のロボットベンチャーで福島原発の除去作業で活躍した二足ロボットを開発したシャフト、さらにはロボットアームや3Dシステムで最先端のベンチャー企業などである。

なかでももっとも驚きを持って受け止められたのは、二〇一三年、軍事ロボットの製造メーカーで、ペンタゴンと密接につながるボストン・ダイナミクスを買収したことだろう。この買収でグーグルが手に入れたのは、まさに軍用の動物ロボットだ。歩兵の負担を軽減するラバ型のロボット「ビッグドッグ」であり、世界一の時速五十キロで走る四足のロボット「チーター」、さらには偵察用ロボットで、ネコのように敏速に跳び、方向転換して直角に曲がれる「ワイルドキャット」……などだ。

いまや、人工知能を備えたコンピューターは人間の労働市場に真正面から競合するようになっている。これまで人間の脳にしかできないとされていた複雑な仕事でもロボット化が進み、今後二十年のあいだに、アメリカでは雇用の四十七パーセントが人工知能の器械になると言われている。この数字は少なくとも、オックスフォード大学の研究者二人が、二〇一三年九月に七百二種の職種について研究した結果から見えたものである。人工知能が進化するにつれ、ロボットが高度な雇用をも独占しようとしている。すでにジャーナリストのロボットもあるのだが、これは実際は情報プログラムで、アルゴリズムがネット上の情報をリアルタイムで吸い上げ、それを相関関係に置き、金融、スポーツなどの速報を紙の媒体の記事にするというものだ。

器械は人間を助けるだけではもう満足せず、人間に取って代わろうとしている。ホワイトカラーも徐々に、ブルーカラーと同じ運命をたどろうとしているのである。企業は中間管理職に持ち運び可能な小型パソコンを持たせ、いつでもどこでも仕事ができるようして、スローガンを最適化した。「つねに少ない人手で、つねにより多くの仕事を！」だ。移動性のオフィスは「オープンスペース」の最終段階、社員には誰も割り当てられた居場所がなく、その論理でいくと、社員が退社してもほとんどわからないことになる。

オーストリアの経済学者ヨーゼフ・シュンペーター（一八八三—一九五〇）が説いた有名な学説に「創造的破壊」という方法論がある。企業は古くなった方法はそのつど破壊して、不断にイノベーションを続けなければ経済成長は消滅するというものだ。

ところがいま、多くの経済学者にとってこの学説は通用しなくなり、代わって別の理論に置き換わった。「創造的中断」というのがそれで、そのいい例がコダックとインスタグラムの変転である。インスタント写真の王者と言われ、十六年前には十四万人の従業員を抱え、株式時価総額二十八億ドルを誇ったコダックは、二〇一二年、デジタル化に失敗して破産宣告をした。同じ年、従業員十三人のベンチャー企業で、携帯で写真を共有するアプリを売り出していたインスタグラムが、約十億ドルでフェイスブックに買収された……。そして二〇一四年、競合企業となるインスタントメッセンジャーのアプリを販売するワッツアップWhatsAppがあらわれると、ザッカーバーグは百九十億ドルを積んでこれも買収した。

デジタル業界は急激に新しい形の独占体制を作っている。音楽やビデオなど一部の業界、そしておそらくは出版業界もいずれ崩壊するのは確実だろう。たとえば音楽業界の人員は、ここ十年で半分になっている。さらにグーグルやアマゾン、フェイスブック、アップルにとっては目障りな存在、オンラインDVDレンタルの「ネットフリックス」や、宿泊施設のウェブサイト「エアビーアンドビー Airbnb」、バッテリー式電気自動車の「テスラ」、自動車配車サービスのウェブサイト「ウーバー」も、雇用の破壊だけでなく、仕事のさらなる不安定化に加担している。

買い手と売り手のあいだの仲介を削除したこれらプラットフォームに従事する者の立場は、従来の社員ではなく、超フレキシブルな「協力者」に変わっている。労働組合は無用となり、規制を決めるのは自分たちだ。こうして、タクシー業界から目の敵にされているウーバーは、千人ほどの人員で約百億ドルを売り上げている。ホテル業界と直接競合するエアビーアンドビーとなると、主たる市場の一つフランスでは、わずか二十五人の従業員で年間八億ドルを売り上げている。そして二〇一五年十月、アマゾンが募集したのは、スマホの呼び出しで時給二十ドルで動ける臨時の配達人だった。

ここ数年、フランスの大都市では食事を家まで配達するベンチャー企業が急増。同時に、オフィスの数人の社員にアルゴリズムで指示されて移動する「自営業者」も増えているのだが、後者には社会保障もなければ、給与明細もない。このいわゆる「ウーバー化」は価格破壊をもたらし、消費者の購買力が少々改善されたように見えるものの、いっぽうで社会の不安定化が加速している。

インターネットと人工知能のおかげで、私たちにはシェアと連帯の経済がもたらされたのだが、純粋に商業的視点で見ると、恩恵を受けているのは超のつく多国籍企業ばかり。彼らだけがつねによりリッチになり、つねにより強くなっているのだから、デジタルのユートピアは夢と消えたことがわかる。先のコンサルタント会社ボストン・コンサルティング・グループによると、社会の自動化のおかげで、人件費は今後二〇二五年までに十六パーセント削減されるということだ。

フランスの経済学者ダニエル・コーエンが言うように、デジタルは「経済成長のない産業革命」（註18）のようである。彼によると雇用の半分、とくに中間層はいずれ職を失う恐れがあるそうだ。自動運転車、３Ｄプリンター、自動翻訳器、ドローンによる荷物と郵便配達、警備、裁判ロボット、あるいは医療診療をするアルゴリズムなどなどが雇用を奪っていくのである。これまでのようにイノベーションで新たな雇用を生むどころか、デジタル技術が生みだした新しい職種は、現在のところ、私たちが抱いた期待を満たしてくれてはいないのである。

さらに悪いことに、グーグルはいま、軍事用ロボットを原型に「社会的」なロボットを作るという斬新なアイデアを実行に移そうとしている。この見通しのもと、二〇一五年八月の新製品ショーで発表されたのが、ボストン・ダイナミクス社製の人型軍事ロボットを「文明化」して向上させたバージョンだ。実際、その二年前に、エリック・シュミットは共著書『第五の権力――Ｇｏｏｇｌｅには見えている未来』(既出)で、「じつに興味深い仕事は現在、人の動きを認識して、それに答えるというコンセプトにかかっている」

と書いていた。

現在の高齢化社会には、「コボット」または「協働ロボット」と呼ばれる分野に夢のような市場が広がっている。高齢者のための医療付添人のようなものだ。これら介護目的以外でも、愛情に飢えた超接続ユーザーを対象に、社会性のある人型ロボットでヒット商品が出せるとビッグデータ企業は期待している。スローガンはこうだ。

「フェイスブックの百五十人の友と、一人のロボットを！」

このロボットは、所有者が送信し続ける性格や習慣、好み、期待など、さまざまなデータに合わせて作られるので、もちろん協調性に富んでいる。人間関係の代用品として、複雑なことや知的対立などの危険分子を追い払ったコボットは、いずれ必要不可欠なものになり、ホモ・サピエンスならぬ「ホモ・デジタルニクス」の孤独をさらに深めていくことだろう。値段が下がるとともに、現在三万ユーロほどで売られているペットロボットは、私たちの日常に侵入してくるはずだ。

そして皮肉なことに、企業での解雇や、採用時の面談もロボットに委ねられることになるだろう。というのも、ミネソタ大学とトロント大学の最近の研究によると、面接官の直感よりアルゴリズムのほうが信頼できるという結果になったからである。

「結局のところ、器械の決断に任せたほうが人間にとってはいいことになる」とは、研究者たちの説明である……。確実に言えるのは、人型器械でいっぱいの世の中になれば、いちばんの贅沢は、ロボットではなく、人間に世話をしてもらうことになるのだろうか。

デジタル化と自動化ですでに仕事自体が減少した社会に、さらに人型ロボットが参入すれば、「テクノロジー失業」が加速し、最後には完全失業時代になるだろう。存続するとすれば、創造性や人との接触など、高度な付加価値が求められる職種だけになるはずだ。アメリカの経済学者ヌリエル・ルビーニの予測では、これらは全労働者の二十パーセントで、月に百二十時間働くことになるという。世界経済を維持するにはこれで充分なのだそうだ。

ビッグデータ企業はすでにこの劇的な社会変動を見越しており、残り八十パーセントの雇用のない人たちに「ベーシックインカム」（＊最低限所得保障）を想定している。一見、寛大で人間的なアイデアは、新自由主義者に熱く支持されている。しかし何を隠そう、この超のつく新自由主義者たちはビッグデータ企業から手厚く資金援助されているのである。過半数となる働かない人たちに生涯年金を支給することで、不公平感をなくして反抗心を抑え、規制だらけの賃金制度を終わりにして次に進もうという魂胆だ。

一握りの人たちが手にする富を増やすため、つねに規制を少なく、国の関わりも少なくする。これが新自由主義の概念に導かれたデジタル業界の目標である。ついでに言うと、福祉国家も当然のごとく廃棄すべきものになる。税制面で極力最適化しているにもかかわらず、国家に払う税金がまだまだ高すぎるというわけだ。

アルゴリズムと人工知能の器械で、生産性指数は信じられないほど向上した。それも当然、ロボットはいったん購入と維持にかかった費用を生産によって回収したら、利益を生みだすのみ。しかも睡眠もバカンスも取らないので、いつまでも儲かることになる。

ちなみに中国では、労働賃金が高騰した結果、ロボットは一年ちょっとで元が取れるそうだ。

生産性向上によって暇になったユーザーは、ビッグデータ企業にとっては夢のような富であり、それを最大限保持するために考えだしたのが巧妙な新商品、ベーシックインカムならぬ「自由インカム」である。彼らの「賃金」を保証するために、二十五億人のユーザーが現在は無料で放出しているデジタルの痕跡の一部にお金を払うというアイデアだ。その点に関しては、ユーザー側の気持ちも熟している。

フランスのマーケティングコミュニケーションの大手ハバス・メディアが二〇一四年九月に行った世論調査によると、フランス人の三十パーセントが個人情報を売ることに同意。とくに若者のあいだでは、四十二パーセントが金銭と引き換えに個人情報を明かしてもいいと答えている。

二〇一四年十月、ブルックリンで、一人の女性アーティストが個人情報の保護意識を高めるために興味深い実験を行った。その結果は、三百八十人のニューヨーカーが自分の名前と住所、指紋、身分証明番号を彼女に渡したのだが、それと引き換えに受け取ったのはシナモンクッキー一個！　自動化によって生産性が向上した見返りが低価格という形になるのだろうが、ベーシックインカムを支給するなら、受け取る側の購買力を少し強化したほうがいいという参考例にはなるだろう。

話を戻そう。３Ｄプリンターは、最初に必要な素材と情報ファイルを購入すれば、自分の家で商品を製作することができる。消費者は「セミプロの消費者」になり、商品の価値は給料にはなく、モノにもなく、情報にあることになる。ビッグデータの巨大な金庫に保存された情報だ。

今後は世界の一握りのエリート集団、ハイテクのトップたちがいずれそのうち、商品が有料か無料かを決めることになるのだろう。無料にするのは当然、ロボット化により発生した失業を受け入れてもらうためである。そうなると、無料で衣食住を満たし、無料でレジャーを楽しむ大勢の失業者からなる新しい社会層が生まれることになる。この層は失業を甘んじて受け入れるのだが、その代償は、富が限られた領域に集中するのを暗黙のうちに了承することだ。いたるところで人間の知性が人工の知性に置き換えられれば、無料のサービスと引き換えに失業を許容するこの層の広がりは避けられないことになるだろう。ビッグデータ企業の思い描く世界は、私たちの精神を占領して、安心感を与え、生産や仕事を徐々にロボットに任せていく社会を整えることである。

「人工知能を備えたスーパーコンピューターを管理する社会のエリート集団は、残りの人類に対しての絶対的な権限を授かることになるだろう」（『ル・モンド』紙。二〇一五年四月十三日号）

と予告するのは、カリフォルニア大学の物理と宇宙構造学教授のアンソニー・アギーレだ。彼は別の危険性についても警告する。

「さらに長期的には、器械が人間から権力を強奪し、人間を支配して、抹殺すると考えられなくもない。この分野の研究者にかかるプレッシャーは相当で、さして深く考えもせず、つねにもっと速く先へと追い立てられている」。

軍用の改造人間を製造した時点ですでに、人間はアメリカの作家で生化学者のアイザック・アシモフ（一九二〇―一九九二）が提唱した「ロボット工学三原則」の第一法則「ロボットは人間に危害を与えてはならない」に背いている。

この法則は七十三年前に定められたとはいえ、将来的にロボット化が取り返しのつかない事態を招くのを防ぐためのものである。先のアンソニー・アギーレは二〇一四年初頭、その対策としてボランティアが運営する団体「未来生活研究所」を創設している。人工知能が私たちの生活に及ぼす影響を考慮し、デジタル脳が持つ力を抑制するのが目的だ。

シリコンバレーのスターの一人で、スペースX社の共同経営者としても知られるイーロン・マスクもまた、その脅威に気づいている。宇宙開発では世界的リーダーの一人である彼は、この「未来生活研究所」を支援、一千万ドルを寄付している。彼はまた、この分野の最新情報をつねにおさえておくために、人工知能専門のベンチャー企業にも投資し、その真意をツイッターで公表した。

「私は、スーパー人工知能の開発に人間の生物学が使われるようなことがあってはならないと願っている。不幸なことに、それがますます起こりそうになっている」（二〇一四年八月三日のツイッターより）。

この悲観論は、著名な宇宙物理学者のスティーヴン・ホーキングにも共有されている。彼に言わせると、ビッグデータが取り憑かれているのは「思考能力のある器械」を作り「人類に終焉を告げる」ことである。さらに彼によると、この種の器械は実際に好き放題ができ、自分で改良する力がある。そのことから、

「生物学的進化が遅い人類の力には限りがあり、とうてい太刀打ちできず、いずれ器械に立場を譲るだろう」

と予告している。

人工知能というパンドラの箱を開けつつ、ビッグデータ企業は、いいにつけ悪いにつけ、人間とロボットの競争に乗り出した。フランスの小説家ピエール・ブール（一九一二―一九九四）が書いたSF小説『猿の惑星』で、作家は一人の登場人物にこう語らせている。

「惑星ベテルギウス上ではすべてがうまく行っていた。私たちは簡単なことを器械にやらせ、その他のことは、知能の進んだ猿にやらせていた。その間私たちは、肉体も知能も動かすのを止め、子供の本にさえ興味を持たなくなっていた。そしてその間も、猿たちは私たちを見張っていた」。

（註18）『閉鎖的な世界と無限の欲望』（アルバン・ミシェル刊。二〇一五年）より。

14. ネットで買い物をし、覗き見して、遊ぶ

「個人をターゲットにするテクノロジーがあまりに完ぺきなので、人々にとっては自分たちの好みやサイズに合わないものを見たり、消費するのは非常に辛いことになるだろう」

グーグルCEO（当時）エリック・シュミット
『フィナンシャル・タイムズ』二〇〇七年五月

七十万人のネットユーザーが、知らないあいだにフェイスブックにモルモットのように利用されていたことに気づいたのは、二年後、ある科学雑誌の記事で発表されたときだった。

二〇一二年一月、フェイスブックは極秘に一週間かけて「ソーシャルネットワークにおける大規模な情報伝染に関する実験的証拠」と名づけられた実験を行っていた。この実験のため、フェイスブックはホーム画面上で時事問題を取り上げる「ニューフィー

ド」のサイトを意図的にごまかした。ユーザー二十万人以上からなる三つのグループに、それぞれ中立、ポジティブ、ネガティブな情報が与えられたのだ。実験台になったユーザーがそれと知らずに投稿したメッセージをアルゴリズムが分析した結果、情報のトーンがユーザーの感情面を変え、行動にも影響することが明らかになった。ポジティブな情報を押しつけられたユーザーは、ポジティブな言葉を含むメッセージを多く投稿していたのである。つまり、ビッグデータはSNSを介して、人々の感情を持続的に誘発できることが証明されたことになる。

しかも生身の人間を使って行われたテストは完全に合法である。というのも、フェイスブックに登録するさい、ユーザーは契約でそれぞれの個人情報の譲渡に同意し、契約上の文面によると「データの分析とテスト、研究、サービスの向上のため」に使われるのを認めているからだ。

ビッグデータ企業が私たちの感情を理解しようとする目的は、私たちをもっとよく管理し、消費者として目覚めさせるためである。フェイスブックは、いわゆる「深層学習」(ディープランニング)アルゴリズムと呼ばれるものに、最初に投資した企業の一つだった。深層学習アルゴリズムとは、テキストに書かれている言葉や、使われた意味、背景などから、そのときの感情を検出するプログラムである。これら新世代のアルゴリズムは、メールや写真、ビデオを含む膨大なデータから、ユーザーの個性まで引きだせるようになっている。最終的な目的は、ユーザーの期待を見抜き、さらにはそれに先行することだ。フェイスブックは深層学習の分野で世界的権威の一人、フランス人のヤン・ルカンを雇い入れた。彼はパリを本拠に、四十人ほどの研究スタッフとともに、データをもとに各個人間の感情関係をどのように図式化するかを器械に教えている。

こうして私たちの欲望の先手を打つ。これこそビッグデータ企業が行おうとしていることである。こうなるとオーウェルの『一九八四年』で描かれる謎の独裁者ビッグブラザーならぬ、ビッグマザーだ！　私たちを幸せにすることしか求めない一人の母親が、甘い独裁体制を生みだし、そこでは各個人は完全に管理されている。ビッグブラザーと違うのは、各個人の意志に反してではなく、暗黙の了解のもとに行われていることだ。精神科医のセルジュ・エフェズも強調する。

「ビッグママはあなた以上にあなたのことを知っている。これはモンスターママで、絶対的な権力を手に、子供と見た私たちを脅しながら大喜びさせている。乳児を扱うように欲求をすべて満たし、先回りして、口に出さない考えを見抜き、優しく、信念を持って、いちばんいい方向に導こうとしている」（註19）。

購買の衝動が起こるのは、ユーザーが無意識に抱いていた宙ぶらりんの欲望がかき立てられるからなのだが、そんなユーザーの深層心理などはお見通し。欲望はその前からあるのではなく、最新技術によって引き起こされるのだ。買いたい物が役に立とうが、くだらなかろうが、危険だろうが、いずれにしろ人間に主導権はない。

アマゾンでは、あなたの注文に応対する従業員は人ではなく「アイテムベース協調フィルタリング」という強力なアルゴリズムである。データベースからアイテム間の類似度行列を計算して、あなたがまだ考えていなかった本を「これも読みたいでしょう」と提案するアルゴリズムである。あなたの頭のなかに入り込むために、あなたが以前に注文した本や、検索の沿革、ある本のコメント欄を見るのに使った時間、あなたの国籍、出身地、さらにはあなたが接続している場所の天候まで、さまざまなデータを入念に処理している。消費者の習慣を元にあなたと似ているユーザーとの比較も含めて、すべてである。

こうしてアルゴリズムは、あなたと似たユーザーが好きな本と同じような内容の本を算定し、あなたにも買ってもらえると思った本を推薦するのである。言ってみれば、三百万冊もの本が揃っているなかで案内されるのは本棚のごく一部、そこであなたがそのときに読みたい本が探しだされるのである。

ソフトウェアは私たちに、この本を読むべき、音楽はこれを聞くべき、映画はこれで、食べるならこれ、行くならここと言ってくる。それが電子書籍になると、さらにもっと私たちの読書の内面にまで入ってくる。内蔵されているスパイプログラムによって、本のタイトルだけでなく、あなたが嫌いだったページまで正確に知られてしまうのだ。あなたがあちこちのページに飛ぶか、単に斜め読みしただけでわかるからだ。

同じことは、ストリーミング配信をダウンロードした映画や音楽でも行われている。世界じゅうに千百万タイトルの音楽を配信するアップルなら、顧客の音楽の好みを知り、どんな曲を聞くかによって性格まで推測できるだろう。大衆の感情のバロメーターのようなもので、これまでの古い広告媒体ではもはや太刀打ちできなくなっている。フェイスブックにいたっては、一日に三百万回も「いいね！」をクリックしてくれるメンバーに感謝していいだろう。押しつけ気味の反復宣伝はもう終わり。いまや、消費者を引きつける宣伝策略は目に見えないものになっている。私たちは気づかずに罠にはまっている。欲望を一つでも発信したら、すぐ満足させてもらえるのである。

ビッグデータは私たちをどんどん我慢できなくさせている。狂ったように時間が短縮するなか、私たちは待つことは何であれ耐えられなくなっている。思春期に逆戻りし、欲望を先に延ばすことができなくなっている。それをビッグデータ企業が躍起になって満足させ、人間のほうが「上」という幻想を維持させようとしている。これがフロイトの言った「願望の幻覚」である。私たちはクリック一つでなんでも手にでき、努力という概念さえどこかへ消えてしまった。「つねにもっと早く」と急き立てられ、自分自身を見失っているのである。

「私たちは古代ギリシャの哲学から離れてしまっている。ストア哲学や懐疑主義で幸福の理想とされていたのは、いまとは逆で、自分自身を完ぺきの域に近づけるために絶えず、長期にわたって努力することだった。現在の私たちは短絡な方法を好み、成功の保証もないのに努力することや、長期の仕事、辛い労働を否定している」(註20)と、社会学者で法律学教授のジグムント・バウマンは分析している。

私たちに代わって選択・決断するビッグマザーは、疑念の苦しみを除去しているが、しかし、この疑念こそ私たちを構築し、成長させるものである。逆に、少しの自由で、より快適にとは、穏やかな独裁制だろう。デジタルの世界を各個人の要求に合わせてサービスするアルゴリズムは、アラジンの魔法のランプのようにどんな願いも叶えてくれる。そうして私たちが知能を働かせないように仕向け、好奇心を衰えさせている。コンピューターがすべてを計算する世界では、予想外の出来事は人を動揺させ、反動を生むので、絶対にあってはならないことになっているのである。

フェイスブックの創業者マーク・ザッカーバーグが野心を燃やしているのは、各個人に合わせて、アルゴリズムで自動的に編集する「パーフェクトな日記」を発行することだ。ネットワークで検出された各ユーザーの興味の中心に合わせて、意外性のない情報をそれぞれに提供するというものだ。これはカスタマイズされた情報で、他者性がなく、他人との対立もないため、成長して進化するのは不可能だろう。保護者に抱かれたまま思春期に留まっているようなものである。こうしてビッグマザーは、人類の深層心理に根づく安全の欲求にも応えている。人間は生まれつき、子供の特徴を残したままゆっくりと性成長する「ネオテニー（幼態成熟）」の種だと言われている。

「未完成な存在で、生き残るために保護を必要とする。ここがほかの動物と違うところです」

と語るのは、哲学者で精神分析医のアンヌ・デュフールマンテルである。

「そういう種は、最初に世話をしてもらえなかったり、言葉をかけられないと、死んでしまう危険があります」（『リベラシオン』紙。二〇一五年九月十五日号）。

人間生来の弱さを、ビッグデータは見事に利用しているというわけだ。

こうしてビッグマザーはユーザーの精神を過剰なほど占領して、もっとも不安な問いかけを忘れさせている。それは私たち自身の死と、そこから生じる危険な問題を提起させないための方法だ。生きる意味とは何だろう？　死を悪魔払いするために、現代の文明社会では、ウェブ上で現実としてありえない死の映像をかつてないほど私たちに見せてくれる。暴力が、バーチャルな形であらゆる画面にあふれ、同じ衝撃的な映像が無限に増殖している。実際、私たちの脳は麻薬のような強い刺激に夢中になるものなのだ。最初は、こう言うとわかりにくいだろうが、エネルギーの効率の問題である。私たちのエネルギーを消費するのはおもに神経系だ。そして、たとえば何かを決断するとき、直感より、理論立てて合理的に考えるほうがカロリーを多く使うのである。

例として驚かざるをえないのは、ネット上でのポルノ旋風だ。毎日、ユーザーが検索エンジンで検索する二十五パーセントがポルノ関係である。さらに、ウェブの十二パーセント、ほぼ四百二十万サイトがハードコアだそうだ。デジタル世界は人間をポルノ依存症にしている。フランスの精神分析医ジャック＝アラン・ミレールに言わせると「性交に熱狂」（註21）している状態だ。この消費行動には抑制がきかず、じつにユーザーの五十九パーセントが週に四時間から十五時間ポルノを見て過ごしているそうだ。

ドイツを代表する学術研究機関マックス・プランク研究所の研究者たちは、このポルノ中毒がもたらす影響について研究した。それによると、週に四時間以上ポルノを見る人の脳をX線で撮影した結果、決断に関わる部位の活動が劣化しているのがわかった。そして彼らはこの現象を強い麻薬などの薬物習慣にたとえている。脳を満足させるために、つねにより直接的な映像が必要になっているのである。デジタルのセックス産業にとっては美味しい事業で、この業界もまたアメリカ西海岸に集まる企業が仕切っている。ピューリタン精神で清廉潔白を要求する国にしては矛盾だらけである。二〇一一年、フェイスブックは先にも述べたように自社検閲で、あるフランス人教師のカウントに掲載された、画家ギュスターヴ・クールベの『世界の起源』を削除させている。裸の女性の生殖器をクローズアップした絵を「卑猥」と判断したのだ。

ポルノ企業で世界一のマインドギーク（MindGeek）は、総売り上げが四億ドルと飛び抜けている。世間ではあまり目立たないこの持ち株会社の本社はルクセンブルクにあり、現在のオーナーは二人のカナダ人。毎日、九百五十万人のユーザーが、グループを代表する二つのプラットフォーム「ユーポーン YouPorn」と「ユーハブ YouHub」に接続している。ちなみに、オンラインによるポルノ市場はすでに六十億ドルに達していると算定されている。

すぐに見られる幻想の映像が、想像力のなかでもっとも奥にある私的な部分まで壊している。性行動に官能性を与える唯一の動物である人間は、感性の欠如した映像の山のおかげで、人間にしかない創造力を捨てていることになる。ウェブを席巻するハードコアは、デジタルのセックス業界の懐を満杯にしているだけではない。ビッグデータ企業にも大いなる恩恵があり、各個人を性的な好みで分類できるようになっているのだ。

グーグルが行った研究からだけでも、一般大衆のセックスプロファイルを、集団的にも個人的にも作成することがすでに可能になっている。これが事実なら、ネット上のポルノは、犯罪を犯しそうな行為以上に、一般人の習慣に関する情報の宝庫になる。元FBI長官で、盗聴で名を馳せたジョン・エドガー・フーヴァー（一八九五―一九七二）など想像もしなかったことだろう。

ポルノはまた、違犯行為の幻想で精神が満たされるので、実行までに至らない反乱の動きを抑える部分もある。ジョージ・オーウェルの『一九八四年』では、独裁者ビッグブラザーが真理省に「ポルノセック」という名称の小説部門を設ける構想を描いていた。その使命は、大衆向けに安っぽいポルノ小説を量産し、それを転売させて普及させ、反抗から気をそらそうというものだった。

ポルノ産業のような状況は、ビデオゲーム業界にもそのまま当てはまる。五十四億ユーロと推定される市場は、年平均六・八パーセントの勢いで伸びている。私たちの脳はゲーム依存症になっているのである。神経科医のあいだでは周知の事実なのだが、ゲームは注意を引きつけるセンサーとしては最高で、そこからビッグデータ企業はこの利益を生む分野に熱心に取り組んでいるのである。

とくに、すでに述べたように、ビッグデータ企業はアメリカの軍需産業と密接な関係にあるのでなおさらである。国際問題と紛争を専門とするアメリカの審議会で、米軍とも近いアトランティックカウンシルは、二〇一四年十月、デイヴ・アンソニーを雇い入れた。世界でもっとも売れたビデオゲームの一つ、戦争をテーマにした「コール・オブ・デューティー」を製作した人物だ。戦争のシミュレーターを改良するために、ペンタゴンはビデオゲーム業界が開発したテクノロジーに賭けたのである。

同じく、軍用ドローンで、何千キロと離れた発射場から敵を狙えるので有名な軍用無人航空機「リーパー」(*草刈り機、死神の意味)も、シュミレーションゲームの設計家によって作られている。殺害するターゲットの位置を確認するためのデータは、一部はビッグデータに頼っているのはもちろんだ。これらのデジタル情報をベースに、米軍はすでに事前の事実確認なしに、相手が地球上のどこにいようと殺人決行の決断を下せるようになっている。

消費者の期待をつねに先回りし、ポルノとゲーム攻めにしているビッグデータは、私たちの批判精神をやすやすと麻痺させている。こうなると彼らのスローガンは「自由、平等、友愛」どころか、「遊んで、覗き見し、買い物をしよう」であるのは間違いない。

まさにドストエフスキーが『カラマーゾフの兄弟』第二部の「大審問官」で書いてい

る通りである。

「下劣な人間どもは、彼らの自由を我われに差し出してこう言うだろう。『あなた方の奴隷にしてください。しかし養ってください』」。

（註19）ルネ・フリードマンとミュリエル・フィス＝トレーヴ監修の『節度と節度のなさ——人は限度なしに生きられるか？』（フランス大学出版局刊。二〇一五年一月）より。

（註20）ロジェ＝ポル・ドロワとモニック・アトランの共著『人類——私たちの生活を変えるこれら大変革についての哲学的探究』（フラマリオン刊。二〇一二年）より。

（註21）世界精神分析医協会の講演より。パリ。二〇一四年四月十七日。

15. ウィズダム2・0

「虚無の宗教『仏教』から我われを救えるのはギリシャ悲劇のみである」
ドイツの哲学者
フリードリッヒ・ニーチェ（一八四四―一九〇〇）

カリフォルニアのマウンテンビューにあるグーグル本社では、二か月に一度、雇用番号一〇七の社員が「マインドフルランチ」という瞑想付きの昼食会を開いている。職場の同僚たちが招かれて、彼の祈りの鐘に合わせて静かに食事をするのである。

グーグルがまだベンチャーだった二〇〇〇年、一〇七番目の社員として採用されたチャディー＝メン・タンの名刺には「ナイスガイ」と書かれている。シンガポール出身で四十代の彼は、グーグルの幸せ請負人だ。ほかの社員にプレッシャーとのつき合い方を教え、「最適な精神状態」に達するよう助けている。チャディー＝メン・タンが取り入れているルールは三つ。思いやりと、心の安らぎ、そして幸せだ。仏教と神経科学を結びつけた自作のルールである。この元プログラマーがグーグルで行う講義の名前は「サーチ・インサイド・ユアセルフ」、つまり「解決法はあなた自身で見つけなさい」で、彼の著書のタイトルでもある。

彼の指導で、グーグルで行われる会議は、最初に一分間の瞑想で始まる。オバマ大統領やレディー・ガガなど著名人が本社を訪れると、彼は必ず駆り出され、写真撮影のあと数分間の会談に応じるのが儀式となっている。それだけではない。二〇一五年のノーベル平和賞の候補にもなった彼の使命は、プレッシャーから精神障害に陥る社員たちにかかる年間六千万ドルの医療費を減少させることでもある。

いっぽう、過剰な接続からくる「燃え尽き」症候群に対処するため、デジタル業界は「ウィズダム2・0」という新しい宗教を考案した。二〇一四年九月、この概念の考案者であるアメリカ人ソレン・ゴードハマーはダブリンのグーグル・ヨーロッパに招かれ、仏教の僧侶立会いのもと「ウィズダム2・0」の講演を行った。テーマは「お互いに接続したまま、テクノロジーのおかげで、いかに幸せに生きるか」。答えは、彼の説明によると「この時代の大きな挑戦にある」ということだった。

接続する個人を対象にした「ウィズダム2・0」の狙いは、なにあろう、接続し過ぎで精神疾患に陥る者の数を減らすところにある。グーグルとその他のハイテク企業は、税の最適化に加え、感情面の最適化も行っているのである。過剰な接続でストレスを感じた社員は、その場でオフィスのパソコンか自分のスマートフォンに、瞑想や呼吸法を教えてくれるプログラムをダウンロードすることになっている。シリコンバレーのベンチャーが商品化している「スパイアSpire」のようなツールだ。ケースをベルトなどに留めておくと、ストレスが高くなりすぎた社員は携帯に「注意！　あなたは四十五分前からストレスを感じている」と警告が入り、呼吸を整えるように指示される。そうしてセンサーが、脈拍と横隔膜の動きが正常になったと判断すると、二度目のメッセージ「あなたは再び正常です」が表示されるというわけだ。

「この十年間の発明の大半は、職場での生活を本当に重要だと思わせるようにするもので、職場で――もっと言うと職場だけで！――人は本当に幸せになれ、輝いて、創造的になり、クールで能率的になれるように仕向けられている」

と嘆くのは、先のフランス人哲学者ロジェ＝ポル・ドロワである。

「ここまでくると一つの全体主義と言える。外部との関わりが何もなく、自由なスペースもない。どこへいっても、どの瞬間も、それぞれが幸せになるために何かをしなければならない。つまり、健康で、元気で、満足感を得るためにということだ」（註22）。

絶えず接続した状態で、過剰に刺激を受け続けていると、私たちの脳はもう吸収できなくなる。現在のように、同時にいろいろな情報が重なり、仕事が断片的になるデジタル社会では、脳神経は悲鳴を上げてしまうはずだ。インターネットとともに、私たちは多重に仕事をこなす時代に突入し、注意することも増えた。しかしそれに対して現在、私たちは生理学的に対応できておらず、思考まで断片化するようになっている。

そんな時代、神経科医のあいだでは三つ以上のことを同時にすると、脳が空回りし、失敗を繰り返すことが確認されている。イギリスの研究者は、同時に大量の端末を使う人の脳組織に変化が見られることを発見。この場合は、脳の感情を扱う部分に重大な欠陥があったということだ。科学者によると、この部分が変質すると鬱病や不安障害など、感情的な機能不全に陥るそうだ。ジャンクフードの食べ過ぎで肥満になるように、接続のし過ぎは認識力に過負担をかけるのである。私たちに過剰な接続をすすめながら「ウィズダム2・0」を販売しているビッグデータ企業は、薬品業界にたとえるなら、糖尿病の薬を販売しながら、そのいっぽうで子会社を介して食品業界に砂糖を提供しているようなものだろう。

器械との競争になり、私たちは最初から負けるのがわかっていながら効率の競争に追われている。コンピューターの計算速度が向上するにつれ、私たちの仕事のペースも加速している。どの仕事も緊急で、どれも優先事項、命令は即実行だ。サラリーマンはつねにもっと早くを求められるアスリートになってしまった。

そんな現状を見て、社会学者のポール・ヴィリオは次のように語る。

「凝縮した時間があれば、次に何もしない時間があるという多様な時間配分の代わりに、つねに緊張感のあるプレッシャーが『二十四時間ぶっ通し』、『七日間ぶっ通し』状態で、どんな時間帯にも、どんな職場にも蔓延するようになってしまった。そうして出現したのが『何の価値もない目的のために、みんな動いている』世界である」（註23）。

満たされるには「ウィズダム2・0」に頼るしかない、意味が空っぽの世界である。

完ぺきの見本とされる器械を前に、人間の失敗はますます許されなくなり、絶対に誤りを犯さないことが義務にまでなっている。「失敗ゼロ」が義務づけられるとは、これまた人間の生来の性質に反している。神経科学が証明するように、失敗は人間にとって学習の一部であり、大きな可能性をはらんでいる。

ストレスを抱いても器械が相手では口に出せず、接続の時間がどんどん長くなっているので、なおさら悪い。アメリカ人は毎日、一人につき平均十二時間、電子情報を受け取っているそうだ。家と職場の垣根はなくなり、中間管理職の六十パーセントは家に帰ってからもノートパソコンで仕事をしていると告白する。接続している時間が拡大することは、ビッグデータ企業にとっては利益になり、結果として、就業時間が長くなれば生産性も向上することになる。ちなみに、日中に管理職が送信するメールは約三十通、受け取るのは約七十通だそうだ。

山のように送られてくるメールを見落とさないために、つねに反射的にオンライン、バカンス中とて同じである。仕事のツールが手放せなくなり、電源を切ることに罪悪感を覚えるようになる。いつどんなときも連絡が取れるようにしておかなければならず、風船のように詰め込みすぎて破裂する危険があっても、そうせざるを得なくなっている。一睡もしない器械から永続的に送られてくる情報は増えるいっぽう、私たちの生体リズムまでおかしくなるので、なおさら危険である。二〇一五年九月、フランスの大手電気通信業社オランジュの副社長補佐ブリュノ・メトランが「仕事の人間関係におけるデジタルの影響に関して」の報告書で提案したのは「仕事上の接続を切る権利」だった……。

ビッグデータは、以前は別々だった仕事と休息、余暇の時間を一つにしてしまったのだが、しかし人間の脳は、一日二十四時間で回転する地球に合わせて交互に機能するようになっている。昼と夜が交互に来る自然現象は私たちの生理プログラムに深く刻み込まれている。コンピューターの画面はつねにオープンで、一見、多くの選択肢から好きなものを選ぶことができるのだが、それがどんな結果を生むのかについて、ドイツの哲学者ハルトムート・ローザが警告する。

「やりたいことがうまくできないというフラストレーション。そして、失敗すると不満。人間には潜在能力があるので、選択肢が多いと絶えずどんどんアクセスするようになるのだが、しかし、私たちの現実的な能力は徐々に衰えていく」（註24）。

一瞬でできそうな行為でも、それが無限大に増えていくのに逆らえずについていくと、その先にあるのは奈落の底。私たちは孤独の井戸に突き落とされてしまうのである。

いっぽうで、ＳＮＳは気軽に友だちの数を増やせるとうたっている。フェイスブックやマイスペースの登録者は平均百三十人から百五十人の友人を持ち、それぞれが友人の数を増やすことを目標にしている。友人の数が多いほど人気者になるからだ。ここでのユーザーは軍旗を掲げて新兵を徴集する軍曹のようだ。誰であるかはあまり関係がない。しかしこんなことは量にまどわされているだけで、ＳＮＳの掲げるスローガンとはほど遠い……。

「フェイスブックは、あなたの人生にとって大切な人々とずっと友だちでいられることを約束します」

スローガンを鵜呑みにするのは危険だ。マーク・ザッカーバーグが認めていない彼についての伝記『ｆａｃｅｂｏｏｋ――世界最大のＳＮＳでビル・ゲイツに迫る男』（ベン・メズリック著。邦訳は青志社刊。二〇一〇年）を信じるなら、フェイスブックを考案したのは社会に適合できない男性で、自閉症と紙一重の人物である。女友だちに捨てられたザッカーバーグは、その腹いせに、大学のキャンパスで盗み撮りした女子学生の顔写真のリストをインターネット上に作り、仲間の男子学生を誘っていちばんセクシーな女子学生の人気投票を行った。そのときに特別に作ったアルゴリズムが画像格付けサイトである。

バーチャル化をより効果的に、より速くすることで、私たちの交流は貧相になってしまった。生身の人間との出会いから生まれる豊かさがどこにもない。フェイスブックやその他のソーシャルネットワークは、彼らが主張するような「出会い」の場などではなく、デジタル世界の孤独に仮面をつけたものだ。出会いの場のアルゴリズムは、友情は数だと私たちに思い込ませて感情の砂漠を拡大し、そうやって、私たちが現実の生活で本当の友人を求めるのを思いとどまらせている。デジタルのネットワークで催眠術にかけられ、うわべだけの友だちに囲まれた私たちは、現実としてますます自分の殻に閉じこもるようになっている。これほどつながっているのに、これほど孤独なことはない！

世界はオープンスペースになったが、このスペースは偽の社交場である。自分で監視して生産性を上げるように設定されており、各自が他人から身を守っている。ビッグデータによって閉じこめられた孤独の世界は不毛だ。後戻りして自分と距離を置くことがなくなれば、自分自身を忘れることになる。自分と正面から向き合う代わりに、人為的な人気を求め、他人の視線のなかで自分を見失っている。デジタルの世界では、自分を見るはずの鏡は壊されている。深く考えることなど無用で煩わしく、さらには危険とされているのである。

何も考えないこの幸せ、努力もいらず、苦しみもなく……見通しもない世界についてニーチェが書いたのが、有名な「神は死んだ……」で始まる『ツァラトゥストラはこう語った』である。

それでもまだ充分ではないと、ビッグデータ企業は私たちのものである記憶を奪い、外部の器械に委託させようとしている。これはフランスの哲学者フランシス・ウルフに言わせるといたって危険、なぜなら私たちの記憶はＵＳＢメモリーなどではないからだ。「記憶は一人称で生きていて、私が築く人間関係のなかで他者のものになっていく。そうなると私のものではない。私が現在どう生きていて、どういう世界と結びついているかによって、解釈が変わる可能性がある。私の記憶を別の環境に持っていくと、中味は同じでも、しかしそれはもう私のものではないので、まったく違う記憶になる」（『フィロソフィー・マガジン』。二〇一四年十月号）。

私たちはデータをより安全に保存すると説得され、やや強制的にスマホやパソコン、タブレットの中味を全部、ネットワーク内のどこかにある保存スペース「クラウド」に放出するように仕向けられている。アップルのアイクラウドはクリック一つで、離れたどこかのサーバーにある自分のメモリーにつながることができる。こうして、感情面や金銭面、医療面、ときにもっと内密なものも含む家族情報は他者に預けられ、現実に何の保証もなく使用されることもある。

現にマイクロソフトのコンピューター技術者ゴードン・ベルは、ビッグデータが私たちの思い出を乗っ取ると予告している。最新テクノロジーでは第一人者の彼は、同僚と共同で「トータル・リコール」という名のプロジェクトに取り組んでいる。有名なSF映画と同じ名前のこの計画の目的は、私たちの思い出をすべてデジタルで複製して二つにすることだ！　一生を通し、位置確認のGPSやいたるところに置かれたセンサーのおかげで、私たちの移動や動作はすべてリアルタイムで個人的なライブラリーに登録され、それをいつでも開くことができるというものである。「リトルブラザー」と名づけられたライブラリーが、私たちの代わりに全部思い出してくれるというわけだ。

ゴードン・ベルは自著『ライフログのすすめ――人生の「すべて」をデジタルに記録する』（邦訳はハヤカワ新書juice。二〇一〇年）に、「グローバルに監視される社会には民主的な面がある。なぜなら嘘がほとんど通じなくなるからだ。もし私が何かであなたを非難するのに自分の電子の思い出を使うと、あなたは私の非難のコピーを登録して、それが今度は私を非難するのに使われることもあるだろう」

と嬉々として書いているのだが、この本の序文を書いたのは「二十五年来の友人」、ビル・ゲイツである。

これはまったくのSFではない。グーグルマップはすでに、ユーザーに対して数年間にわたる移動の経緯を調べられるサービスを提供し、さらにはグーグルビューのおかげでバーチャルな映像で巻き戻すこともできるという。

「言ってみればあなたの年代記で、あなたが何年何月の何日に行った場所を思い出し、もう一度見るにはとてもいい方法です」

とはグーグルの説明だが、次には、たとえば悪い思い出に結びつく日にちを選んで消せる機能も開発するそうだ。また、パーソナルアシスタントのグーグルナウとなると、あなたに約束のある日や、誕生日まで教えてくれる。あなたの電子手帳や、ネット上の検索の経緯にアクセスできるからである。

ここで矛盾するのは、記憶を委託することで今度は私たちが健忘症になることだ。これはアメリカの心理学者が行った多くの研究でも実証されているのだが、一つの情報がどこかで保存されているとわかっているだけで、脳は覚えておこうとしなくなる。その努力は余計なものと判断するからである。断言してもいい。デジタル業界は今後、電子思い出のサービスを欠かせないものとして、とくにアルツハイマー病を心配する高齢者世代に紹介するだろう。そして将来は、悪い思い出を消し、さらにはよくなるよう修正するサービスを提供することも考えられる……。

いっぽうで、このことはすでにウィズダム2・0が約束している幸せでもある。というのも、この概念の考案者は「禅の姿勢」を激賛し、怒りや争い、反抗は悪と見なしているからだ。幸せになるためには障害だからである。

フランス人の思想家ジャック・エリュールが著書『テクノロジーのはったり』（プリュリエル刊。二〇一二年）でこう書いていた。

「テクノロジーの大きな目論みは、何よりまず、争いをなくすることである。個人の内面での自分自身との争いも、近親者との争いも、職場の同僚との争いも、政府との争いもなくすることである」

古代ギリシャ人の視点とは正反対、彼らにとって争いは自分の性格を見抜き、限界と耐久力を試し、勇気を証明する機会だった。人間は、他人や自分自身と対立せずして自分を構築することはできないのではないだろうか。

ビッグデータが登場する三十年前、アメリカ人の作家ロバート・マクブライドは著書『オートメ化した国』（チルトン・ブック刊。一九六七年）で、コンピューターシステムのその後を想像し、「すべてがメモされ、細部にわたって徹底的に研究される」世界だと書いている。そして結論として、このような未来では「洗練さと駆け引き上手の印は好意と順応性になり、そうやって人は自分の役割を受け入れ、与えられたもので最善をつくすだろう」と締めくくっている。

（註22）『哲学では幸せになれない……それはよかった』（フラマリオン刊。二〇一五年）より。

（註23）ロジェ＝ポル・ドロワとモニック・アトランの共著『人類――私たちの生活を変えるこれら大変革についての哲学的探究』（フラマリオン刊。二〇一二年）より。

（註24）ハルトムート・ローザ著『加速――時間の社会的批判』（ラ・デクーヴェルト刊。二〇一〇年）より。

16. 自分を取り戻す道

「彼らは意識が目覚めたときしか反抗しないだろう。そして意識が目覚めるのは反抗したあとでしかないだろう」

ジョージ・オーウェル『一九八四年』より

二〇一二年九月十二日、ＦＢＩの捜査官がダラスのとあるアパートに突入した。このときの強権的な介入は、電源が入ったままのウェブカメラのマイクで六分間にわたり録音されていた。警官はその場を隅々まで捜索し、情報機器をすべて押収、部屋の住人に手錠をかけて連行した。二十八か月後、アメリカ人ジャーナリストのバレット・ブラウンは、五年三か月の有罪判決と、八十九万ドルの損害賠償を命じられた。逮捕後の彼はテキサスの連邦刑務所に収監されている。罪状は？　米政府が情報収集活動を委託している私企業ストラトフォーのサーバーから情報を不正にコピーし、この企業とアメリカの諜報サービス機関との関係を暴露しようとしたというものだ。

ハッカー集団アノニマスが回収し、ウィキリークスに伝えた五百万通のメールのなかでとくに多いのは、「誘拐と暗殺の日時の打合せ」だそうである。ＦＢＩに逮捕される前、このフリーランスのジャーナリストは、とくにイギリスの新聞『ガーディアン』紙やアメリカの雑誌『ヴァニティ・フェア』に投稿し、シンクタンクのプロジェクトに取り組んで、デジタルの監視分野における米政府と私企業の契約について調査していた。アノニマスの賛同者として、このハッカー集団を財政的に潰すのを目的とした秘密プログラムを明らかにした一件にも協力している。ストラトフォーのサーバーへの不正アクセスの共謀と、家宅捜索のさいにノートパソコンを隠して捜査を妨害した罪に加え、彼によると、自分の母親をそそのかして捜査に協力させたとＦＢＩに楯突いたかどで、罪は重くなった。

ビッグデータと保安機関は、ハッカーを公共の敵「ナンバーワン」にしている。アメリカの諜報機関が行っていた私生活のスパイ活動の広がりを暴露したエドワード・スノーデンと、ウィキリークスの創始者ジュリアン・アサンジは、二人とも祖国の裏切り者とされ、国外追放を命じられている。いっぽう、アサンジに七十万点の外交と軍の機密資料を渡した元アメリカ軍兵士のブラッドリー・マニングは、ミシシッピーの刑務所で三十五年の刑に服している。オバマ大統領に結局は却下されたものの、恩赦を依願したマニングはそのときの文書に「もしあなたに拒否されたら、これからの私は、自由な社会で生きるにはときに高価な代償を払わなければいけないことを肝に銘じて時間を過ごします」と書いていた。

しかし、無政府主義的なこのハッカー集団こそ、無謀で不透明なビッグデータ企業のビジネスモデルに、いちばんに「ノー」を突きつけたのではないだろうか？　彼らはまず、無料で共有できる「オープン」なソフトウェアを改良し、自分たちのものにしたうえで、そこから、ソフトの「持ち主」であるマイクロソフトやアップル、その他のデジタル企業とは逆の道を選んだ。市販されていないソフトを考案し、規定を無視した別の使い方をしたのである。その後は、ウェブ上で暗号化の技術と、匿名で監視システムをだますことができるプログラムを発表している。

「いまになってやっとわかったのは、ハッカー集団は悪いイメージを植え付けられたが、しかし彼らがしたことは、反権力として実行できる形の一つを今後の参考として見せてくれたことだろう」

と、先の哲学者でデジタル技術の専門家エリック・サダンは強調する。

課報機関とネットの巨人たちは、情報への不正アクセスを悪魔のように追い払ってほくそ笑んでいる。彼らをサッカーのフーリガンのごとく扱い、電話回線網を不正使用してネットワークに侵入する「フリーカー」や、金儲けのためにカードを偽造する者たちと同類だとしている。後者は不正に入手した銀行のデータを使うか転売しており、なかには国や警察に協力する一般市民のハッカーもいる。

伝統的なメディアへの締め付けが強化され、世論をかき回す情報を発信するのが難しくなっている現在、アノニマスのようなハッカー集団は諜報機関とビッグデータ企業にとっては目障りこの上ない存在になっている。その証拠に、普段は目立たないようにしているネット業界が、ことハッカーが相手となると目の色を変え、長期の実刑を掲げて脅迫している。ちなみに先のバレット・ブラウンの場合、当初は百五年もの刑を要求されていた。いっぽう、ストラトフォー社のメール不正入手事件の主犯として十年の刑を言い渡されたアノニマスのハッカーを陥れたのは、なにあろう、ＦＢＩに寝返ったハッカーだった。

天下のさらし者にされ、国家に謀反を企てたかのように扱われるハッカー集団はしかし、コンピューターを再び制御したい一般市民には欠かせない存在である。実際、ブラックボックスを開けることができ、器械の仕組みを理解して、不穏の種をまき散らし、デジタルの自己防衛技術を他人に教えることができるのは彼らだけだ。痕跡を残したくないＧメールを送信後に破壊できるＤメール、匿名や暗号でナビゲートできるツールなど、電子探知機を巧みにくぐり抜けて完全な監視体制を抜けだすこれらの技術は、これまた軍で考案された戦略、いわゆる「ライト・フットプリント」（＊かすかな足跡という意味）を適応したものである。

皮肉なことに、ライン上の匿名ツールとしてもっとも知られる匿名通信システム「トーアＴｏｒ」もまた米海軍の研究所で生まれたものだ。一九九〇年代半ば、米海軍はウェブ上に痕跡を残さずに接続できるシステムの開発に挑んだ。この計画が中止になり、そのあとを受け継いだのが「電子フロンティア財団」という、ネット上の自由を守るアメリカの組織である。そしてトーアはその後、徐々に考案者の手を逃れ、制御不能になったのである。

無料で、監視下に入らないこのネットワークは、卓越したデジタル技術を持つボランティアの「ギーク」たちによって維持され、現在、二百万人以上のユーザーが使用しているという。トーアは、当初の目的だった匿名での接続が可能なだけでなく、隠れたウェブ上に隠れたゲート（入口）を提供しており、これらのページはどの検索エンジンからも検索できないようになっている。ちなみにトーアによってアクセスできる隠れサーバーは三万件と推定されている。

二〇一五年五月、表現の自由の権利と促進を任務とする国連の特別報告官デビッド・

ケイが発表した報告書には次のように書かれている。

「暗号化と匿名化は、個人と集団にライン上で内密なスペースを保証するもので、それによって彼らは表現の自由を行使でき、恣意的または不法な干渉や、あらゆる攻撃から守られることになる」

としたうえで、

「国家が検閲のようなことを行って不法に削除するような場合、市民は暗号化や匿名化によってこれらの障害を迂回し、権力と交わらずに情報にたどり着くことができる」

と強調している。

デビッド・ケイは政府に対し、「これらのツールへのアクセスの促進と保護」ならびに「制限をするならケースバイケースに限り、それも法に従い、必要に応じて、追跡する者の正当性を相関関係に照らし、司法が判断する限度に従うべきで、公共教育でオンライン上の安全と私生活を学ばせる」ことを奨励した。

この意見はもちろん、諜報機関が認めるべくもない。事態立て直しのため、米国防省はいわゆる深層ウェブを捜索できるツール「メメックスMemex」の開発に着手した。すでに一千万から二千万ドルの開発費用がかかっているが、接続の痕跡やカモフラージュされたページを探知できるようになり、正規のウェブ上から吸い上げて編纂したデータとの関係を構築できるまでになっている。

ツールを開発した米国防高等研究計画局DARPAのイノベーション担当者が説明する。

「インターネットを利用する人の大半は正しい理由で使っている。しかし、なかには寄生虫もおり、我われは彼らが悪い理由でインターネットを使うのを妨害したいのだ」(『ル・フィガロ』紙。二〇一五年二月十二日号)。

諜報機関やビッグデータ企業によると、彼らが「ダークネット」と呼ぶ深層ウェブは悪の温床で、密売者や小児性愛者、テロリストが猛威をふるっている。しかしそれは表立っての顔で、じつは別の使われ方が大半を占めている。深層ウェブはじつは、各個人が私生活を守り、個人データをハイテク企業に掠奪されないための抜け道なのである。

たとえば一人のユーザーがネット上をナビゲートすると、平均九社の商業サイトによって観察され、スパイソフトで知らぬ間に情報を回収されている。深層ウェブはまた、人権活動家や警告の発信者、離党者やジャーナリストが検閲をくぐり抜け、完全な監視から逃れられるところでもある。初期キリスト教徒がローマ帝国の迫害から避難した地下墓所、カタコンベのデジタル版である。

「民主主義では、違法行為が可能なスペースは存続する必要があると思う。大戦中に偽の身分証明書を作ることができなかったら、何万人という男女が逮捕され、強制収容所に送られて、たぶん死んでいただろう」

と、フランスの政治家レーモン・フォルニ（一九四一―二〇〇八）は生前に語っていた。「情報と自由法の父」と言われ、「情報処理および自由に関する全国委員会」副議長、国民議会議長を歴任した彼はつねに、

「真の民主主義のために、違法なスペースを最小限保存する意見に賛同する」（註25）

と言っていた。

市民を元通りの中心に置くにはどうしたらいいのだろう？　〇と一に支配された私たちは、加速する時間に追い立てられ、瞬間でしか生きられず、超高速で回転する遠心分離器の壁に貼り付いて動けなくなっているようだ。

ギリシャ神話のユリシーズは、十年におよぶ旅を経て自分のアイデンティティを取り戻している。故郷のイタケー島に戻り、旅を終えたときに自分の名前に戻るのだ。この止まった時間のみが、自分を知り、再び構築できるものだとしたら、これこそが接続から離れるのに絶対に必要なものだろう。そうすればユリシーズのように、ビッグマザーの甘い独裁からも解放されるだろう。この計算され尽くした世界で、不完全なことや、予測できないことを要求するのである。抵抗の行動として、古代ギリシャの考えに戻る

ことである。ビッグデータ側が時代遅れと決めつける普遍的な価値観の元となったものである。

「かつてないほど、いまこそこれらの作品をもっと読むべきである。本のなかにある力は、私たち一人ひとりにとっていまでも欠かせないものだ。現在のように複雑で闘争的で、不安につきまとわれ、メッセージや映像でいっぱいの世界では、人間の体験がつまったこれらの作品から吸収すべきものがたくさんある。人間の仲間を奪われた感のあるいまこそ、その必要がある」

と、哲学者のロジェ＝パル・ドロワは警告する。

ギリシャ思想は批判精神を育むものである。自分自身と向き合うのを受け入れることで、意識が目覚め、デジタルの洞窟から逃げる勇気が与えられるだろう。再びユリシーズだが、彼は旅の途中の航海で、船の帆柱に自分を縛り付け、海の魔物セイレーンの魅惑の歌に抵抗して振り切っている。

器械たちに押しつけられた「ソリューショニズム（解決主義）」の実利的なロジックに抵抗するために、人生の意味について、「なぜ」を繰り返し問いつづけることである。それは私たちの人格の土台である記憶の一部を、コンピューターに委ねないことでできるだろう。『イーリアス』や『オデュッセイア』が詩で書かれていたのにも理由がある。

市民教育の基本となったこれらの本は、詩ゆえに歌として歌われ、人々の頭に刻まれて覚えやすかったのだ。

世界を批判的に見る視点を取得することは、違いを学ぶことであり、現在進行形の画一化と闘う一つの方法でもある。グローバル化に力を得て、ビッグデータ企業は超高速で商品ばかりか、生活スタイル、考え方まで規格化している。一見、気前がよく、無限に多元化されるデジタルの情報は、じつは制限され、管理されている。

コンピューターの力から離れ、人間として立ち上がり、人間の規模に合った、人が再びコンピューターの上になれる民主主義の社会を作り直すことである。これがいま挑戦すべきことだろう。ウェブ上には最近、あちこちに身近なソーシャルネットワークが出始めている。集合住宅や地域、集落などが連盟する、各自独立した小さな共同体のSNSである。それを新しい形のアゴラ（＊古代ギリシャの都市の広場）にして、そこで自由に討論できるようにするかどうかは、私たち次第である。連帯感が自然に発生したスペースでは、ビッグデータ企業の独占的で、超個人主義的な論理は通用しないだろう。そうしてギリシャ市民の精神を蘇らせるのだ。

古代ローマの政治家で哲学者セネカが『心の平静について』で書いたように「かつてこれほど高潔な行動で場所が塞がるほど人であふれたことはなかった」、そんなスペースである。

（註25）マルタン・アンテルサンジェ著『ネット上の匿名性――私生活を保護する意味』（エロール刊。二〇一四年）より。

17. すべてがウェブの捕虜になる

デジタル革命が進行中である。時間も空間も再編成されたこの革命は始まったばかりで、それなのにすでに私たちの先を行き、私たちを別の世界へ連れていこうとしている。そこは人間が自分自身から切り離され、束縛も痛みも感じずに、完全にコントロールされる世界である。この改革のなかで唯一確かなのは、交換条件。予測や安全、寿命の延長と引き換えに、完全な透明性と、私生活の消滅、自由と批判精神の喪失を渡すという条件だ。人間にある本能のエスプリとその爆発、文明が何世紀もかけて闘ってきたものがついに消えようとしている。それとともに不安定さ、不安感も消えていく。

ビッグデータ企業が望むのは、ストレスも暴力もない世界、明日への不安も拒否する世界である。そしてそのためのツールも開発した。

しかし、極端に矛盾するのは、これらの大変革が人間の基本的な本能の一つに誘発されていることだ。貪欲である。少数エリートの際限ない欲望、それに焚き付けられた個人の欲望。これほどまでの帝国主義は、これまでどの国家も企てようとさえしなかったものだろう。

いっぽう、私たちとそっくりの動きをする器械は、今後はよくて溢れかえる状態に留まり、最悪は脅威になるだろう。そしてビッグマザー帝国はいま、私たちから新しい形の暴力を取り除こうとしている。伝統的な戦闘法では処理できなかった暴力、テロリズムだ。

かつて、これほど世界全体が不安定なことはなかった。不安な感情がこれほど強くなったことはなかった。情報が流れ続けるインターネットのおかげで、世界じゅうに現実とフィクションが混ざり合ったような事件が頻発し、それがきっかけでビッグデータ企業と諜報機関が結託し、歴史上前例のない監視体制が敷かれた。最悪の事態が起こるかどうかは決して定かではない。しかし、個人への監視体制は取り返しがつかないほどになっており、どんな法体制や規制をもってしても抑えることができない事態になっている。ビッグデータ企業が一見、法的措置に一歩譲ったとしても、テクノロジーの力ですぐに取り戻し、立法者側はついていけないでいる。政治家たちは目の回るような変化と複雑さにあっぷあっぷ、勉強不足で本当の問題が理解できず、政治ののろいペースに身動きが取れないでいる。

この超国家的権力は、ＳＦ作家によって何度となく暴力の形で予告されたはずなのに、音もなく穏やかな文明を築き上げている。そこでは無料は例外ではなく当たり前、仕事は権力を濫用する高給取りのエリートのものになり、その他大勢の大衆はロボット化で放り出され、接続の代償として保証される最低限の収入で空虚に生きている。この自由なき個人主義の未来の姿は、退屈と、それが我慢できずに癒すだけの文明で、この二つが作用して現実の感覚を喪失するのは目に見えている。

飽くことなきビッグデータの支配者たちは、神とまだ決着をつけていない。それが次の目標である。グーグルの優先課題の一つである寿命の延長は、世界でも一部の富裕層しか手に入れられないだろう。同様に、普通の人々が都市に集中して密集状態になっているなか、同じ富裕層のみが環境が保存され、テクノロジーのおかげで犯罪も予防できる安全な場所で生活するのだろう。

いま話題になっている「強化人間」はおそらく、次のもっと大きな改造を見据えた一つの段階にすぎない。もし、アメリカの計算機科学者で、インターネットの父と言われるヴィントン・サーフの表現を借りるなら「私生活は異常」であり、有機体の人間は異常と思われる日がいつか来るのだろう。人間と器械を合体させるビッグデータ企業の夢は確実に軌道に乗っている。

だとしたら、いつかは人工知能がもっと進化して、私たちの身体が有機体ではない、完ぺきで持続可能な物で包まれてもおかしくないだろう。願わくば、何十億という個人データのおかげで、私たちのアイデンティティが失われないことを期待するのみである。そうして私たちの寿命が延びれば、支配されているとは言わず、命をコントロールしていると言うことになるのだろう。デジタルの支配者たちの驕りには際限がなく、創造性を見ても、金銭的な権力を見てもそうだ。人類史上、かつてこれほど少数の個人が、自分たちだけで、しかもここまで大量の法を定めたことはなかった。

ここに描いた未来は、反対勢力がいないだけに避けられないように見える。民主主義が生まれた旧ヨーロッパでは、ビッグデータ企業に対抗するのではなく、どう追いつくかが問題になっている。ただしグーグルは、むろんアップルもアマゾンも、追いつかれることは決してないだろう。ビッグデータ企業がこれまでに集積したデータは射程範囲を超えている。アメリカの新しい権力の象徴とも言えるこの集合体を前に、ヨーロッパは必死で動いているが、しかしすでに諦めて無条件に降伏している。将来は、私たちの存在のすべてがウェブの捕虜になるのだろう。健康から、保険、税金、銀行口座に至るまで……。

ドイツの哲学者ヴァルター・ベンヤミン（一八九二―一九四〇）が書いていたように、

「事が予想通りに進むと、大惨事になる」のだろうか？　確かに、最悪の事態が起きるかどうかは決して定かではないのだが、しかし確実なことが一つある。抵抗することがますます難しくなっていることだ。できるとすれば、覚悟して社会から疎外されるのを受け入れることだろう。接続された世界に背を向ける。短縮した時間から抜けだすのである。

知識層は、明らかになったイデオロギーに抵抗しようと必死でふんばり、今後の見通しを観察しようとしているのだが、何も理解できず、おそらくこのテクノロジー革命に魅了されながら埋没していくのだろう。ビッグデータ企業のプロジェクトは超個人主義にのっとっており、国境も国家もなく、主権主義的なイデオロギーはすべて時代遅れになっている。そこでの抵抗運動は、人類をこのゲームの中心に置き直すことだろう。

つまり、感性や直感、混沌とした知能など、生き残るための担保を守ることである。唯一この条件でのみ、〇と一の世界で人間性の部分を守り抜くことができるだろう。そうでなければ、取り返しのつかないほど真っ裸で生きることになる。

裸になって解放されると思うのは間違いだ。ビッグデータ企業が提案する利点はあまりに魅力的で、自由の喪失もあまりに漠然としているから、現代人は反対する気持ちになれないのだが、だからといって方法がないわけではない。まずは、私たちが自由を取り戻す点に関しては諦めるべきである。その代わり、ビッグデータ企業を信頼することで、人類にとって自由は大事なことではないと納得できるのではないだろうか。

マルク・デュガン

Marc Dugain

小説家、ジャーナリスト、映像作家、シナリオ作家。1998年に発表した小説『士官の部屋』（本邦未訳）は文学賞を多数受賞しベストセラーとなった。ロシア原子力潜水艦クルスク号爆発事故やマレーシア航空MH370便墜落事故の大規模調査でも知られる。邦訳に『FBIフーバー長官の呪い』（文春文庫）、『沈黙するロシア――原子力潜水艦沈没事故の真相』（河出書房新社）など。

クリストフ・ラベ

Christophe Labbé

『ル・ポワン』誌のジャーナリスト。
防衛、警察、情報機関の取材が専門。
著書多数。

鳥取絹子

Kinuko Tottori

翻訳家。ジャーナリスト。
訳書に『ピカソになりきった男』（キノブックス）
など多数。

ビッグデータという独裁者《どくさいしゃ》

「便利《べんり》」とひきかえに「自由《じゆう》」を奪《うば》う

2017年3月25日　初版第1刷発行

著者　マルク・デュガン
　　　クリストフ・ラベ

訳者　鳥取絹子（とっとり・きぬこ）

発行者　山野浩一

発行所　株式会社　筑摩書房
　　　東京都台東区蔵前2-5-3　〒111-8755
　　　振替00160-8-4123

装幀　阿部文香（井上則人デザイン事務所）

印刷・製本　中央精版印刷株式会社

ISBN978-4-480-86449-9　C0033

乱丁・落丁本の場合は、下記宛にご送付ください。
送料小社負担でお取替えいたします。
ご注文・お問い合わせも下記までお願いいたします。
〒331-8507 さいたま市北区櫛引町2-604
筑摩書房サービスセンター　電話 048-651-0053